비아람,
마음을 치유하는 비밀의 숲

비아람,
마음을 치유하는 비밀의 숲

장선욱 지음

홀로 어두운 터널을 지나고 있는
어른들을 위한 심리동화

테라코타

프롤로그

저는 지독히 내성적인 사람이었습니다. 세상의 소리가 내 안에서 메아리칠 때마다, 그 울림에 압도되어 삶은 늘 조심스러웠습니다. 사람들과의 관계는 얇은 유리 위를 걷는 것 같았고, 학교와 직장에서의 하루하루는 끝없는 숨 고르기였습니다. 남의 시선과 말, 행동 하나하나가 내 마음을 짓눌러 평온과는 거리가 먼 삶을 살았습니다.

그런 내가 상담심리사의 길을 걷게 된 건, 어쩌면 필연이었을지 모릅니다. 지난 십여 년간 청소년부터 노인에 이르기까지 수많은 사람을 만났습니다. 그들은 저마다 무거운 짐을 안고 상담실에 찾아왔고, 시간과 돈을 들여 자신을 구원하고자 했습니다. 하지만 삶의 상처를 온전히 치유하는 길은 녹록지 않았습니다.

이 글은 나 자신과 그런 분들을 위해 썼습니다. 마음에 불안이 밀려오거나 관계의 어려움을 겪는 사람들에게 도움이 되는 길을 안내해 주고자 했습니다.

마음의 폭풍이 휘몰아칠 때 당당히 맞설 수 있는 법.
관계를 잘 맺으면서도 나 자신을 잃지 않는 법.
나를 있는 그대로 사랑하며 긍정할 수 있는 법.
나의 가치를 발휘하며 사회 속에서 평온하게 사는 법.

그 길을 찾아 끝없이 고민하고, 공부하고, 실험했습니다. 이 책은 그런 십여 년간의 노력이 담긴 결정체입니다.

치유의 길은, 깨달음에서 시작됩니다.
스스로 깨닫게 되면, 더는 예전의 내가 아닙니다.

그럼 어떻게 시작해야 할까요? 무엇을 깨달아야 할까요? 이 책은 그 답을 찾아가는 여섯 단계의 내면 여행으로 이루어졌습니다.
첫 번째, '고통의 숲'에서는 내 고통의 뿌리를 찾아갑니다. 나를 힘겹게 하는 감정의 근원을 제대로 알지 않고는 진정한 시작을 할 수 없으니까요.

두 번째, '생각의 숲'에서는 올바로 생각하는 법을 다룹니다. 생각은 우리의 가장 큰 힘이자, 자신을 지배하는 족쇄이기도 합니다.

세 번째, '교감의 숲'에서는 마음의 소리에 귀 기울이는 법을 배웁니다. 내 마음과 상대의 마음을 온전히 듣는 순간, 세상은 그대로 평화이지요.

네 번째, '그림자의 숲'에서는 여전히 나를 지배하는 그림자를 마주합니다. 그것은 고통스러운 대면이지만, 반드시 넘어야 할 고개이기도 합니다.

다섯 번째, '의미의 숲'에서는 삶의 진정한 의미를 묻습니다. 우리는 결국 어디로 향하고 있는지, 무엇을 위해 살아야 하는지 탐구하게 됩니다.

마지막, '보이지 않는 숲'에서는 죽음 너머 존재의 본질, 궁극의 평온함에 이르는 길을 다룹니다.

이 책은 나 자신을 대상으로 한 긴 실험이자, 상담실에서 내담자들과 함께한 세월의 산물입니다. 자신의 고통을 이해하고 자유로운 영혼으로 거듭나고 싶다면, '비아람 숲 내면 여행'에 동행하시길 권합니다. 이 여정을 통해 당신은, 전문가의 도움을 받지 않고도 스스로 치유할 수 있게 될 것입니다.

| 읽기에 앞서 |

1) 이 책에 등장하는 인물들은 특정한 이름이 없습니다. '중년 남자', '젊은 여성', '노인', '대학원생 청년', '여대생 J' 등 누구에게나 익숙한 모습으로 나타납니다. 그들은 당신일 수도, 나일 수도, 우리가 아는 누군가일 수도 있습니다. 이야기는 여섯 개의 숲을 배경으로 펼쳐지며, 인물들은 그 숲들 속에 반복해서 등장합니다. 같은 호칭으로 등장한다면, 같은 인물이라고 이해해 주세요. 이 책은 그들의 성장과 변화의 여정을 담고 있습니다. 책을 읽는 동안 인물들의 흐름을 잘 따라가실 수 있도록, 이 짧은 설명을 덧붙입니다.

2) 이 책의 배경이 되는 비아람 숲의 '비아람(Viaram)'은 라틴어의 길과 여정을 뜻하는 '비아(Via)'와 고대 히브리어로 높은 곳을 의미하기도 하는 지명 '아람(Aram)'에서 영감을 받아 작가가 만든 조어입니다. 여기서는 치유와 평화를 향한 내면의 여정을 상징합니다.

차례

프롤로그
005

비아람 숲으로의 초대
012

첫 번째
고통의 숲
내 상처와 대면하는 용기
019

두 번째
생각의 숲
올바른 생각을 깨우는 법
061

세 번째
교감의 숲
진심으로 연결되는 관계
119

네 번째
그림자의 숲
내면의 어둠과 화해하기
·
159

다섯 번째
의미의 숲
삶의 방향을 찾는 여정
·
195

여섯 번째
보이지 않는 숲
참된 평온을 만나는 길
·
233

당신에게 건네는 최고의 선물
·
256

에필로그
·
269

비아람 숲으로의 초대

비아람 숲은 혈관들처럼 서로 연결되어 있지만,
비밀의 방처럼 전혀 다른 모습을 하고 있다.
이 숲이 언제부터 여기 있었는지는 아무도 모른다.
풍문에 의하면 수천 년 전,
전설의 치유사가 살았다고도 하고,
눈먼 수도사들이 세상과 단절한 채 기거했다고도 한다.
그 어느 것도 확실치는 않지만,
누군가가 이곳에 있었던 것만은 분명하다.
여섯 개의 숲과 돌비가 그것을 증명해 주고 있으니까.

***

 사람의 마음은 어떻게 생겼을까. 그 속엔 무엇이 있고, 어떻게 연결되어 있을까.

 그동안 수많은 사람을 만나 오면서 나는 단순하지만 흥미로운 사실을 알게 되었다. 사람은 모두 비슷하게 생각하고, 비슷하게 행동한다는 것이다. 또 사람은 조금씩 다 다르고, 그만큼씩 다르게 살아간다는 것이다.

 과학자들은 사람을 움직이는 생각이나 감정의 집이 조그만 뇌 속에 있다고 한다. 하지만 나는 마음이란 것이 몸속 깊은 어딘가, 보이지 않는 에너지로 흐르는 게 아닐까 생각하곤 했다. 그날도 눈을 감고 마음속 길을 여행하고 있을 때였다. 갑자기 한 아이가 상담실 창문을 열고 사뿐히 날아 들어왔다.

 "안녕!"

 새하얀 날개를 살짝 접고, 빨개진 볼을 내밀며 그 아이가 인사를 했다.

 "난 추추야. 이 땅은 참 추워."

 열 살이 될까 말까 한 작은 아이였다.

 꿈인가, 했지만 분명 꿈은 아니었다.

 "그래, 안녕. 어서 와."

나도 얼결에 인사했다.

늦겨울의 어느 맑은 아침, 어린 천사 추추는 바람을 타고 그렇게 내 앞에 나타났다.

* * *

오랜만에 비아람 숲에 눈이 내렸다. 비아람은 도심에서 한참 벗어난 곳에 있어 하늘에서 보면 외딴 흰 성지처럼 보일 것이다. 숲은 여섯 갈래 비밀의 문을 눈 속에 감추고, 아무도 찾는 이 없다는 듯 고요하다. 하지만 오늘도 비아람 쉼터에는 길을 잃어버린 아이, 휴식이 필요한 청년, 집을 나온 여자, 사업에 실패한 가장 들이 자기만의 사연을 가지고 찾아올 것이다.

오늘 아침엔 인근 도시에서 밤새 걸어왔다는 한 소년이 제일 먼저 쉼터의 문을 두드렸다. 소년은 아버지의 폭력을 견디다 못해 도망쳐 왔다고 했다. 검붉은 코피는 얼굴에 말라붙었고, 온몸은 상처투성이였다.

"아버지가 언제부터 때렸니?"

상처를 치료해 주며 내가 물었다.

"오래전에요…. 기억도 안 나요."

소년은 지칠 대로 지쳐 있었다.

"그동안 신고를 한 적은 있니?"

"그딴 거 아무 소용 없어요. 되풀이 또 되풀이….'

"어머니는?"

"도망갔어요."

소년은 남의 말 하듯 무표정하게 대답했다.

그때 구석에 앉아 있던 추추가 소년에게 다가갔다. 추추는 손을 뻗어 소년의 얼굴을 만지려고 들었다. 소년이 흠칫 몸을 뒤로 뺐다.

"괜찮아. 여기서 잠시 머무는 아이란다. 이름은 추추야."

내가 추추를 소개하자, 소년은 그제야 경계의 낯빛을 조금 풀었다. 날개를 감춘 추추는 다른 사람의 눈엔 그저 보통의 아이처럼 보일 터였다.

"사람이 사람을 왜 때리지?"

추추는 다시 소년의 얼굴에 난 멍 자국을 가리키며 물었다.

잠시 우리의 공간에 불편한 침묵이 흘렀다.

"때리면 영혼을 상처 나게 해. 그건 악이야. 그렇지?"

추추가 나를 바라보았다.

"그래, 네 말이 맞아."

고개를 끄덕이는데 가슴이 아파 왔다. 지극히 비상식적인 것들이 이 땅에선 숱하게 행해지고 있었기에….

마침 쉼터의 자원봉사자가 들어왔다. 소년은 이곳에서 휴식과 필요한 도움을 받게 될 것이다.

"오늘 밤 저 아이의 아버지를 만나야겠어."

봉사자를 따라 숙소로 들어가는 소년의 뒷모습을 바라보며 추추가 말했다.

"아버지를?"

안 그래도 추추에게 물어볼 참이었다.

"궁금한 게 있는데 추추, 이 땅에 온 특별한 이유가 있니?"

"세상에서 가장 작은 악의 씨앗을 찾으러 왔어."

추추는 망설임 없이 대답했다.

"악의 씨앗?"

뜻밖의 단어에 놀란 나는 꺼림칙한 기분으로 다시 물었다.

"그것을 왜 찾는데?"

"없애 버리려고."

추추가 주먹을 꼭 쥐며 단호하게 대답했다.

추추는 이 땅에 온 목적이 분명했다. 악의 씨앗을 찾는 것. 그리고 그걸 없애 버리는 것. 그러나 이 넓고 넓은 세상에 이미 모래알처럼 퍼진 악의 씨앗을 어찌 찾는단 말인가. 그것이 가능키나 한 일인가.

"악의 씨앗을 없애는 게 너한테 그렇게 중요한 일이니?"

"세상에서 가장 중요한 일이지."

추추가 역시 또렷하게 대답했다.

"그게 왜 그렇게 중요한데?"

"그래야 나의 주인이 쉴 수 있으니까."

"그럼, 지금은 너의 주인이 쉴 수 없단 뜻이니?"

추추는 슬픈 표정으로 고개만 끄덕였다.

나는 눈이 내리는 하늘을 올려다보았다. 신의 숨결이 한숨처럼 내리는 것 같았다.

"내일부터 비아람 숲을 여행할 건데, 같이 갈래?"

추추의 목에 목도리를 둘러주며 내가 물었다.

추추가 환하게 웃었다.

첫 번째

고통의 숲
내 상처와 대면하는 용기

아침 공기는 찼다. 나는 추추와 다섯 명의 순례자들을 데리고 비아람 숲으로 난 오솔길을 올랐다. 밤새 내린 눈이 하얗게 길을 덮고 있었다. 우리는 발자국으로 길을 내며 천천히 걸었다. 아무도 말이 없었다. 가까이서 멀리서 화답하는 산새들의 청아한 소리만 숲을 깨우고 있었다.

얼마 후 오솔길이 끝나고 숲이 시작되는 지점에 이르렀다. 먼저 우리를 맞은 건 사람보다 더 장대한 검은색 돌비였다. 오랜 세월로 인해 이끼가 끼고, 비바람에 닳긴 했어도 바위 본연의 힘은 생생히 느껴졌다.

돌비 앞면에 누군가 정교한 솜씨로 새겨 놓은 그림이 하나 있었다. 남자인지 여자인지 알 순 없었으나, 두 손으로 얼굴을 가린, 온통 고뇌로 일그러진 사람의 형상이었다. 그 음각화 밑에는 네 글자가 또렷이 새겨져 있었다.

'고통의 숲.'

돌비는 오른편에 문고리 모양이 도드라지게 파여 있어서 하나의 커다란 문처럼 보였다.

"비아람 숲에 오신 여러분을 환영합니다. 비아람은 내면으로 가는 가장 경이로운 길을 안내할 것입니다."

나는 '고통의 숲' 문 앞에 서서 사람들에게 말했다. 이어 돌문 뒤 웃자란 잡목으로 가려진 숲을 가리켰다.

"여기는 그 첫째 관문인 고통의 숲입니다. 이곳에서는 지금 자신을 가장 힘들게 하는 고통의 얼굴을 만나게 될 것입니다. 고통의 한가운데 서서 고통의 바닥까지 내려가십시오. 마음껏 울어도 되고, 고함쳐도 됩니다. '내 고통의 실체는 무엇인가?' 이에 대한 답을 찾는 것이 비아람 숲의 첫 번째 과제입니다."

모두가 긴장한 모습이었다. 이 숲속에 무엇이 있는지, 자신은 무엇을 할 수 있을지 두려움 반 기대 반의 표정으로 서성거렸다.

"자, 이제 들어갈까요?"

내가 먼저 고통의 숲으로 들어갔다. 그러자 한 사람 한 사람 돌문 뒤 어둡고 습한 숲속으로 발길을 옮기기 시작했다.

"오!"

"세상에!"

갑자기 그들의 입에서 탄성이 새어 나왔다. 차마 상상하지도 못했던 숲이 모습을 드러냈기 때문이다.

어둠과 비와 눈과 불, 이 모든 것이 뒤섞인 음침하고 싸한 냄새가 숲 전체를 휘감았다. 을씨년스러운 기운 속에 드러난 나무들은 한쪽 몸이 뭉텅 잘려 나갔거나, 속이 통째로 비어 버린 것들, 검게 불타거나 온몸이 꼬이고 휜, 또는 뿌리가 땅 위로 솟아오른, 괴상하고 온전치 않은 것들 천지였다. 그 속에선 날개 파닥이는 수상쩍은 소리까지 들려왔다.

"나무들이 살아 있네?"

추추가 내 뒤로 와서 귓속말했다. 나는 살짝 웃어 주었다.

추추는 한 나무를 끌어안았다. 번개 맞아 시커멓게 그을린 무화과나무였다. 무슨 생각을 하는지 한동안 꼼짝도 하지 않는 추추를 보며 일행도 숲속으로 흩어지기 시작했다.

시간이 지나면서 누군가의 울음소리가 바람에 실려 오기도 하고, 깊은 한숨과 고통에 찬 외마디 소리가 들려오기도 했다. 저마다 자기만의 나무를 부여잡고, 삶의 무게를 내려놓고 있을 터였다.

* * *

고통은 어디서 오는가? 그것을 알기 위해서는
고통을 똑바로 마주하고, 그 속을 꿰뚫어 보아야 한다.

* * *

"정말 놀라운 숲이야."
추추가 어느새 내 옆으로 다가왔다.
"불탄 나무와 애기는 많이 나눴니?"
어린 몸으로 이 땅에 홀로 내려와야만 했던 고통이 어떠했을지 알고 싶었다.
"아팠어."
추추는 짧게 대답했다.
"천사에게 고통은 어떤 의미니?"
"고통이 아니라 아픔이야."
나는 잠시 멍해졌다.
"사랑하면 아프니까."
추추가 내 맘을 알았는지 덧붙여 말했다.

사랑과 아픔의 거리를, 그 사이에 숨은 감정의 진폭을 헤아려 보려는 그때, 숲속에서 누군가가 소리쳤다.

"선생님! 여기 좀 와 보세요."

추추와 얼른 소리 나는 쪽으로 가 보았다. 물기라곤 하나 없는 바싹 마른 물푸레나무 옆에 중년 남자가 서 있었다.

"무얼 도와드릴까요?"

내가 다가가며 물었다.

"이 나무 좀 봐요. 온통 벌레들이 파먹어 버렸잖아요. 아예 죽일 작정인가! 뭔 조치를 취해야지, 이대로 둬서야 되겠습니까?"

그는 인상을 잔뜩 찌푸렸다.

"나무를 돌보지 않아서 몹시 화가 나셨군요?"

"당연하지요. 이게 어디 나뭅니까? 금방이라도 부서져 버릴 것 같잖아요."

"잘 돌봐줬더라면 나무가 더 잘 자랄 수 있었을 텐데, 하고 원망이 되나 봐요?"

"그게 주인 된 의무 아닙니까?"

그가 다시 소리를 높였다.

"그렇지요. 주인이라면 당연히 애정으로 잘 보살펴야지요. 그런데 지금 그건 누굴 향한 화인가요?"

나는 그의 눈을 보며 차분히 물었다.

"뭐라고요?"

"당신을 이 나무처럼 내팽개친 사람은 누구인가요?"

그는 당황하며 눈길을 돌렸다.

"고통의 숲 과제를 기억하시지요? 고통에 귀 기울이고, 고통이 말하는 소리를 들어 보세요. 이따 다시 올 테니 당신의 이야기를 들려주시겠어요?"

그는 흔들리는 눈빛으로 대답을 대신했다.

* * *

젊은 여성이 비틀거리며 고통의 숲에서 걸어 나왔다.

"괜찮아요?"

나는 그녀를 부축해서 숲 입구에 있는 벤치로 갔다.

"지금 제가 뭘 본 건가요?"

그녀는 몽롱한 눈길로 방금 나온 숲을 바라보았다.

"검은나비를 만나셨군요? 처음 겪는 일이라 당혹스러울 거예요. 자, 숨을 깊이 쉬어 봐요."

나를 따라 그녀는 심호흡했다.

긴 생머리를 뒤로 묶고 화장기가 전혀 없는 그녀는, 삼십 대라

했는데도 소녀처럼 여려 보였다. 이십여 년 전의 나를 보는 느낌이었다.

"매우 힘든 시간이었나 봐요?"

내가 물었다.

"숲에 들어가자마자 어둡고 침침한 기운이 날 에워싸서, 꼼짝도 못할 것 같았어요."

"그랬군요. 고통을 들여다보는 게 쉬운 일은 아니지요."

"네, 그만두고 나가고 싶었어요. 굳이 고통을 마주하고 싶진 않아서요."

"그 마음 이해해요. 사람은 누구나 고통을 외면하고 싶어 하지요. 문제를 직면하지 않고 사는 게 더 편하니까요. 그럼에도 무엇이 당신을 고통의 숲에 남게 했나요?"

"한 나무요…."

그녀가 숲을 쳐다보며 말했다.

"어떤 나무였어? 모양과 색깔이 어땠지?"

옆에 앉아 있던 추추가 호기심에 가득 찬 목소리로 물었다.

그녀는 쑥스러운 표정만 지을 뿐 쉽게 대답하지 못했다.

"고통의 숲에서는 전혀 생각지도 못했던 자화상을 만나곤 하지요. 그 나무를 대하는 게 불편했나요?"

내 말에 그녀는 얼굴을 붉히며 대답했다.

"실은… 가시만 남은 겨울 장미였어요."

"자세히 좀 들려줘, 응?"

추추가 그녀 옆에 바짝 다가앉았다.

"난 내 얘길 해 보지 않아서 말을 잘 못 하는데…."

난처한 표정을 지으며 그녀가 나를 쳐다보았다.

"아무것도 의식하지 말고 편안히 말씀하셔도 돼요. 우리는 마음으로 들을 테니, 아무 염려 마시고요."

"나무를 들여다보는데… 그 속에서 무언가 말을 걸어왔어요…."

그제야 그녀는 낮은 목소리로 자신의 이야기를 풀어놓기 시작했다.

"어서 와. 널 기다리고 있었어."

"넌…. 누구니?"

"난 너의 고통 속의 고통, 검은나비야."

"검은나비? 왜 그 속에 있는 거지?"

"네가 가뒀잖아."

"내가?"

"그래! 제발 날 좀 꺼내 줘."

"어떻게?"

"내게 꼭 맞는 내 이름을 불러 줘. 그럼 나갈 수 있어."

그렇게 해서 그녀는 검은나비의 이름을 찾아가기 시작했다.

"어서 내 이름을 찾아 줘."

가시를 바짝 세운 키 작은 장미 나무, 그 속에서 검은나비가 재촉했다.

"너는… 두려움이야."

그녀가 떨리는 목소리로 말했다.

"무엇에 대한 두려움이지?"

검은나비가 물었다.

"난 사람들과 어울리는 게 너무 힘들어. 사람들과 함께 있으면 긴장이 되고, 빨리 벗어나고만 싶어져."

그녀는 생각만으로도 가슴이 답답해 왔다.

"왜 긴장이 되는데?"

"남들처럼 스스럼없이 말하고 어울려야 되는데, 난 어떻게 해야 할지 모르겠어. 아무 문제없는 듯 미소 띠고 있지만, 내 속은 타들어 가. 그런 나를 들킬까 봐, 부적응자라고 생각할까 봐…."

"그들이 네게 뭐라고 한 적 있어?"

"그런 걸 드러내진 않지. 속으로나 뒤에서 손가락질할

테지."

"그렇다면, 그런 두려움을 일으키는 게 내 이름이야."
검은나비는 말라비틀어진 봉오리와 누런 잎사귀 몇 개가 전부인 장미 나무속에서 단정하듯 말했다.

그녀는 직장을 여러 번 옮겼다. 업무가 어려워서가 아니었다. 휴식 시간이나 소모임 등 사람들과 있을 때가 가장 고역이었다. 그런 자리에서 사람들은 소소한 얘기들을 자연스럽게 주고받았지만, 그녀는 한마디를 꺼내는 게 마치 마이크를 들고 연단에 선 것처럼 힘겨웠다. 속에서는 '어서 말을 해. 그렇게 가만히 있을 거야? 아무 말이라도 해서 끼어들어야지. 어서어서' 하며 끊임없이 채근을 해댄다. 그러나 그녀는 달아오르는 얼굴과 땀이 밴 손을 들키지 않기 위해 전화를 받는 시늉을 하거나 할 일이 있는 것처럼 어정쩡 자리를 뜨고 만다.

"난 너무 내성적이야. 사람들은 날 불필요한 먼지, 영혼 없는 유령쯤으로 여길 거야."

"흠… 두려움을 일으키는 건 열등감이었군. 근데 열등감은 혼자 오지 않아. 그 뒤에 뭔가가 더 있어. 그걸 찾아봐."
검은나비가 건조한 목소리로 말했다.

"열등감 뒤라고?"

"그래. 사람들은 고통의 얼굴에만 집중하지만, 그 속엔 여러 단계의 감정이 숨어 있지."

"그럼, 열등감 뒤에 또 다른 감정이 있다는 거야?"

그녀는 이해가 안 된다는 듯이 되물었다.

"내성적인 사람이 모두 대인관계를 어려워하진 않잖아. 말은 말로써만 의미가 있는 게 아니야. '침묵도 말'이야. 문제는, 유독 대화에 끼지 못하는 너 자신을 왜 열등하게 느끼는지 그걸 생각해 봐."

"내성적인 성격이 문제가 아니라, 그런 내 생각이 문제라고?"

그녀는 머리가 아프기 시작했다.

"난 눈치 보지 않고, 자기 생각과 감정을 마음껏 말하는 사람들이 부러웠어. 그들의 활기, 그들의 용기, 그들의 자신감을 갖고 싶었을 뿐이야."

"근데 말이야, 네가 조용한 성격이라서 너를 더 좋아하고 신뢰한 사람은 없었을까? 내성적인 네 성격을 오히려 부러워한 사람은 정말 없었을까?"

검은나비의 질문은 일순 그녀를 흔들어 놓았다.

사실 잔잔한 눈빛으로 조용히 경청하는 그녀를 좋아하고 따르는 이가 많았음에도, 그녀 자신만 유독 자기를 괴롭혀

왔던 것이다.

검은나비의 말이 이어졌다.

"외향적인 사람들의 사교성이 부러운 건, 너도 그들처럼 주목 받고 싶었던 게 아닐까? 네 속엔 누구보다 잘나고 싶고, 인정받고 싶은 욕구가 숨어 있던 거지. 그게 좌절되니까 오히려 열등감이 생겨난 거라고."

"네가 뭘 안다고 그래?"

그녀는 보이지도 않는 검은나비를 노려보았다. 검은나비는 개의치 않고 말했다.

"넌 남들 앞에서 실수라도 할까 봐 아무 말도 할 수 없었던 거지. 그만큼 완벽한 모습만 보여 주고 싶었던 거야. 너는 절대로 부정적인 평가를 받아선 안 된다고 생각하잖아. 그러니 열등감 뒤엔 오히려 널 대단하게 생각하는 우월감이 도사리고 있었던 거지. 안 그래?"

"인정욕구에 우월감까지? 말도 안 돼! 그런 건 잘난 사람들한테나 있는 거지, 나와는 거리가 먼 것들이야!"

그녀는 참을 수 없어 소리를 내질렀다. 하지만 검은나비는 계속 그녀의 심기를 건드렸다.

"넌 평범한 자신이 싫었던 거야. 수줍음은 그걸 포장한 얼굴에 지나지 않아."

그녀는 이런 심리 게임을 그만두고 싶었다. 갑자기 불어온 세찬 바람에 달랑거리던 잎사귀가 힘없이 쓸려 나갔다. 장미 나무도 쓰러질 것처럼 위태로워 보였다.

"그래, 그렇게 보일 수도 있겠지. 그것도 다 맞는 말이야."

한참 말을 잃은 듯 허공을 바라보던 그녀가 고통스럽게 중얼거렸다.

"너를 비난하려는 게 아니야. 네 속엔 아무도 모르는 어두운 골방이 있잖아. 그걸 보여 줘."

이번엔 검은나비가 어르듯 말했다.

"난… 상처 받고 싶지 않았을 뿐이야."

잠시 후 깊은숨을 토하며 그녀가 말했다.

"그래, 이제 거의 다 온 것 같네."

검은나비가 돌연 흡족한 목소리로 말했다.

"두려움과 열등감, 인정욕구와 우월감은 오랜 상처와 한 덩어리로 뭉쳐 있을 거야. 그 상처에 대해 말해 주겠어?"

"다 지나간 일이야."

그녀가 우울하게 대답했다.

"하지만 넌 아직 그걸 떨쳐 내지 못하고 있잖아. 지금, 고통의 밑바닥에 무엇이 있는지 느껴 봐."

검은나비가 조바심치듯 말했다.

그녀는 어두운 마음의 지층을 더듬어 내려가 귀를 기울였다. 고요한 시간이 흐르고… 내면 가장 안쪽에서 하나의 이름이 서서히 수면으로 떠 올랐다.

"이제 내 이름을 불러 줘."

검은나비가 낮게 말했다.

"나는 한 번도 나 자신이 돼 본 적 없어. 내 안엔 텅 빈 구멍이 있어. 바닥을 알 수 없는 깊은 공허. 그러니까 너는… 너의 이름은… 무가치함에 대한 두려움이야."

그 순간, 장미 나무속을 뚫고 검은나비가 날아올랐다. 그것은 새처럼 크고 단단해 보였다.

"네가 캄캄한 곳에서 날 꺼내 줬어. 고마워. 다시는 날 보지 못할 거야. 안녕."

검은나비는 그녀의 눈을 한 번 깊이 바라보고는, 하늘 높이 올라가 순식간에 자취를 감추었다.

"마음을 열고 얘기해 줘서 고마워요. 덕분에 당신을 더 잘 이해하게 되었어요. 검은나비를 만나 보니 기분이 어때요?"

이야기를 끝낸 그녀에게 내가 물었다.

"쓸쓸하기도 하고 얼떨떨하기도 해요. 내 안에 그런 것들이 있을 거라곤 생각 못 했거든요."

"그래요, 자신을 찾아가는 건 힘든 작업이지요. 인생에서 가장 중요한 일이기도 하고요."

"그런데 선생님, 검은나비가 다시는 자기를 보지 못할 거라고 한 건 무슨 뜻일까요?"

그녀가 맑은 눈을 깜박이며 물었다.

"고통의 실체를 알게 되면, 그것은 더 이상 고통이 아니니까요. 고통의 이름을 찾았으니 이제 미해결 과제도 풀어야지요? 그러면 자신을 보는 눈이 새롭게 열릴 거예요."

"저도 그럴 수 있을까요?"

그녀가 간절한 눈빛으로 나를 바라보았다.

"그럼요. 비아람 숲이 도와줄 거예요."

그녀가 혼자 생각을 정리할 수 있도록 우리는 자리를 떴다.

"사람은 자기의 가치를 잘 모르나 봐."

추추가 걸으며 말했다.

"그게 가장 어려운 일인지도 모르지."

자존감은 모든 심리 문제의 근본이라는 걸 생각하며, 내가 말했다.

"아니야. 그건 신이 사람을 창조했다는 걸 잊어버려서 그래."

추추가 안타까운 듯 말을 이었다.

"사람은 빛나는 신의 아이라는 걸 왜 모르지? 신이 사람을 얼마나 사랑하는지 왜 모르지? 저마다 특별하고 소중하다는 걸 알면 모두가 놀랄 거야."

* * *

중년 남자에게 다시 가 보았다. 그는 지팡이를 짚고 물푸레나무 옆에 서 있었다.

"기다리고 있었습니다."

그는 주변에서 판판한 나무토막을 골라와 우리가 앉을 자리를 마련해 주었다.

"검은나비는 만났어?"

궁금증을 못 참는 추추가 물었다.

"이 속 어딘가에 있겠지."

그는 딱딱한 나무껍질을 매만지며 대답했다.

"검은나비 이름이 뭔데?"

"글쎄… 어린 네가 이해할 수 있으려나?"

많은 생각이 담긴 눈빛이었다.

"고통은 드러낼수록 힘이 약해지지요. 괜찮으시다면 저도 듣고 싶네요."

내가 말했다.

그는 지팡이를 옆에 두고 우리 곁에 앉았다.

"아내와는 여행하다 만났지요. 저는 회사원이었고, 아내는 가이드였어요. 우리는 첫눈에 반해 한 달 만에 결혼했습니다. 참 행복했어요. 그런데 3년 후, 교통사고로 저는 왼쪽 다리에 의족을 하는 신세가 돼 버렸죠."

그는 시선을 멀리 두며 물푸레나무 속 여정을 들려주었다.

"난 고통 속의 고통, 검은나비야. 내 이름을 찾아 줘."

메마른 나무를 쏘아보는 중년 남자에게 검은나비가 말했다.

그는 지팡이로 나무를 툭, 툭 쳐 보았다.

"검은나비라고? 정말 이 속에 있다는 거냐?"

"그래. 제발 날 좀 꺼내 줘. 답답하고 숨 막혀."

"나보고 어떡하라는 거지?"

"네 고통의 껍질을 한 겹, 한 겹 벗겨 줘. 그럼 날 수 있어."

그렇지 않아도 그는 얘기할 상대가 절실히 필요했다. 그간 아무에게도 속을 털어놓지 못한 건 너무도 수치스러웠기 때문이다. 검은나비가 사람이 아니어서 더 편할 것도 같았다. 그는 삭을 대로 삭은 고통의 민낯을 꺼내 놓기 시작했다.

"실은 아내가 날 배신했어! 그 사람이 그럴 줄은 정말 몰랐어. 어떻게 그럴 수 있지?"

"자세히 말해 봐."

검은나비가 속삭였다.

"아내는 내가 다리를 잃고, 직장을 그만둔 뒤부터 외도하기 시작했어. 분명해! 처음 그 사실을 알았을 땐 피가 거꾸로 솟았지. 숨이 막히고 미칠 것만 같았어. 더 이상 아내를 믿을 수 없다는 게, 우리 관계가 깨져 버렸다는 게 너무 고통스러웠어."

"믿음이 큰 만큼 배신감도 컸겠지. 그럼 아내도 그걸 사실이라고 인정한 거야?"

"아니, 전혀. 하지만 확실해! 느낌과 정황상 틀림없어! 실토하면 용서해 줄 수도 있는데, 거짓말하는 건 참을 수 없어! 바보같이 기만당한 걸 생각하면 화가 치밀어 올라."

그는 주먹을 불끈 쥐며 소리를 높였다.

"배신당해 보지 않은 사람은 몰라. 이게 얼마나 비참하고 더러운 기분인지. 정말 죽여 버리고 싶어!"

"흠, 그런 분노와 증오 안쪽에 뭐가 있는지 더 느껴 봐."

검은나비가 차분히 말했다.

"안쪽이라고? 더 있을 게 뭐야? 신성한 결혼을 파괴하고, 불나방처럼 감정을 남발한 아내를 난 절대 용서할 수 없어!"
그는 분을 참지 못해 지팡이로 땅바닥을 내리쳤다. 그럴수록 검은나비는 나직이 물었다.
"근데 왜 그렇게 고통을 받는 거지?"
"뭐라고?"
"외도는 너와 별개로, 순전히 아내의 문제에서 비롯될 수도 있어."
"지금, 무슨 말을 하는 거야?"
"마음이 맑고 건강하면 부정한 일을 저지를 리 없잖아? 그게 마음의 이치지. 부부가 얼마나 질적인 관계인가도 중요하지만, 사람은 내면의 욕구에 따라 행동하게 돼 있어. 관심과 사랑을 받고 싶어서, 자신감을 찾기 위해서, 우울함을 잊고 싶어서, 쾌락이 좋아서 등등 외도는 당사자의 심리적인 동기에서 비롯되기도 해."
"그러니까 네 말은 지금 그 여자가 내가 싫어서, 내게 마음이 떠나서 그런 게 아닐 수도 있다는 뜻이야?"
"그래."
"쳇, 날 위로하기 위해 그리 말할 필요 없어."
"나, 검은나비는 진실만 말해. 거짓 위로는 사실을 알려 주는 것보다 독일 수 있어."

이어 검은나비가 다시 물었다.

"너는 왜 고통을 받고 있지? 아내가 너를 속였기 때문이야? 아니면, 아내와 헤어져야 하기 때문이야?"

"그건 또 무슨 말이야?"

"그토록 분하고 괴로워하는 이유는 사랑을 잃은 슬픔보다, 상한 자존심으로 인한 모욕감이 더 큰 거 같거든."

그는 검은나비가 자신을 은근히 비난하는 것 같아 참을 수 없었다.

"네 따위가 뭐라고 함부로 지껄이는 거야? 감정을 칼로 자르듯 어떻게 딱딱 구분할 수 있어? 다 섞여 있게 마련이지."

그의 고함에도 검은나비는 아랑곳하지 않았다.

"난 사랑의 속성을 말하는 거야. 참된 사랑은 상대의 평안을 더 바라게 되지."

"나를 속이고 배신한다 해도 말이야?"

"그런다 해도."

"그럼, 부부의 도리는? 책임과 윤리는? 그게 다 아무것도 아니란 말이야?"

"물론 그것도 소중하고 중요한 문제지. 하지만 그건 각자의 양심과 의식 수준에 따른 거지, 강제할 수 있는 게 아니잖아?"

검은나비의 말에 그는 코웃음을 쳤다.

"허, 이런 얼토당토않은 소리가 있나. 각자의 문제라고? 모두가 언약을 팽개치고 제멋대로 행동해도 된단 말이야? 그럼 이 세상이 어떻게 돌아가겠어? 인간은 그리 고귀한 존재가 아니야. 누구나 이기적이지. 뒤통수를 맞으면 씩씩대며 주먹을 들이대는 게 정상적인 반응이라고!"

"난 네가 자유를 누렸으면 해."

자유라는 말에 그는 멈칫했지만, 이내 따지듯 말했다.

"사랑은 상대적인 거야. 아내가 날 어떻게 대하느냐에 따라 내 사랑의 깊이도 달라지는 거라고!"

"아니. 사랑은 무조건적인 거야. 그렇지 않다면 너 역시 아내를 사랑했다고 할 순 없겠지."

검은나비가 이내 힘주어 말했다.

"모든 생명의 본질은 사랑이야. 이제 그만 잠에서 깨어나!"

"지금 내가 잠들어 있기라도 한단 말이야?"

"그래, 네 속은 너무 차갑고 어두워."

검은나비의 말에 그는 비웃음을 흘렸다.

"호호, 사랑 따위를 받아 본 적도 없는 내가 그런 걸 알 턱이 있나? 난 원래부터 버려진 몸이야."

"그 상처 속을 더 들여다봐. 그러면 사랑할 힘도 생길 거야."

그는 하늘을 올려다보았다. 구름이 힘없이 흩어지고 있었다. 위액이 올라오는 것처럼 입안이 쓰디썼다.

"아내는 날 정신병자라고 했어. 의처증이라고. 이젠 뭐가 뭔지 하나도 모르겠다. 남자를 만나고도 아무렇지 않게 행동하는 그 여자가 정상인지, 그런 아내를 추궁하며 괴로워하는 내가 비정상인지…."

그는 고개를 떨궜다.

"솔직히 모든 게 의심스러워. 사람들을 믿을 수가 없어. 이 세상은 제대로 된 게 하나 없다니까. 거짓과 가식덩어리뿐이야. 겉만 요란하게 분칠했지, 진실이란 건 손톱만큼도 없어. 어쩌면 아내만을 의심했던 게 아닐 거야. 나 자신과 모든 타인에 대한 불신이 나를 좀먹고 있었던 거지."

"그러한 불신이 어디서 오는지 느껴 봐. 그럼 내 이름을 찾을 수 있을 거야."

"너는 이미 답을 알고 있는 것 같은데?"

그는 미심쩍게 물었다.

"아니. 너의 에너지가 날 날게 하는 거야. 나의 이름을 정확히 부르는 순간, 우린 느낄 수 있어. 번개 치듯 같이 느낄 수 있어."

그는 다시 집중해 보았다. 마음의 소리에 이토록 세심하게 귀 기울인 적이 사십 평생 단 한 번이라도 있었나 싶었다.

"내 속은 불안으로 가득 차 있어. 무엇에 대한 불안일까? 매일 불면증으로 날밤을 새우고, 무언가에 쫓기듯 심장이 옥죄어 오는 이유가 뭘까? 난 하루도 긴장하지 않은 날이 없어."

"불안이라…. 불안을 일으키는 게 뭐지? 그걸 알면 진짜 내 이름을 찾을 수 있을지 몰라."

검은나비가 끈질기게 물었다.

그는 더 깊이 마음 밭을 파 보기로 했다. 이왕 자기의 모습을 다 보여 줬으니 굳이 숨길 것도 없었다. 그는 눈을 감았다. 켜켜이 쌓인 감정들이 조용히 눈을 떴다. 분노와 증오 밑으로 수치심과 열등감이, 그 뒤로 모욕감과 불신과 불안이, 자기를 알아 달라고 손을 뻗고 있었다. 그는 나무 아래 털썩 주저앉았다.

"그래 까짓것, 다 말하지."

그는 입술을 깨물었다.

"나는 할머니 손에서 자랐어. 어머니는 내가 여섯 살 때 집을 나갔고, 아버지는 다른 여자와 살림을 차려 없는 사람이나 다름없었지. 내 처지에 결혼은 생각도 못 했는데, 아내를 만나 꿈만 같았어. 드디어 내 보금자리가 생긴 것 같았거든."

그는 한참 말을 잇지 못했다. 검은나비도 조용히 기다려 주었다. 이윽고 가라앉은 목소리로 말문을 뗐다.

"이 세상천지에 내 편 하나 없다는 게 얼마나 외로운지 알아? 어디에도 기댈 곳 없고, 내 마음 알아주는 이 하나 없이, 세상을 살아간다는 게 얼마나 서글픈지 알아?"

그의 눈이 젖어 왔다. 그의 외로웠던 삶이, 작은 행복에 대한 소망이 찬바람에 묻어났다.

"보금자리가 사라진다는 게 견딜 수 없었던 거로구나?"

검은나비가 나직이 물었다.

"모든 게 한 뿌리에서 왔다는 걸 알아. 정말 이것만은 인정하고 싶지 않았는데…."

비로소 가슴팍에 박혀 있던 오랜 가시가 모습을 드러내기 시작했다.

"너는, 너의 이름은… 버림받음에 대한 두려움이야."

그는 고개를 숙이고 체념하듯 말했다.

나뭇잎을 모두 떨군 빈 나무가 휘청, 바람에 흔들렸다. 그때 검은나비가 마른나무 속에서 먼지를 털며 빠져나왔다.

"바로 그거야! 내 이름을 찾아 줘서 고마워. 잘 있어, 친구."

검은나비는 그를 뒤로하고, 독수리처럼 강철 날개를 펄럭이며 날아갔다.

"검은나비의 이름을 막상 대하니 심란하시지요?"

이야기를 끝낸 그에게 내가 물었다.

"솔직히 마음이 더 불편하네요. 고통의 뿌리를 찾는 게 어떤 의미가 있는지 전 모르겠습니다."

"우리는 현재의 문제와 싸우지만, 내면 깊숙한 곳엔 그 문제를 일으킨 진짜 고통이 숨어 있지요. 그걸 알아차리고 이해하는 게 중요해요."

"그러니까… 버림받음에 대한 두려움 때문에, 아내에 대한 분노와 증오가 더 크게 작용했다는 말씀인가요? 흠, 그럴지도요…. 근데 사랑이 뭔지 모르겠습니다. 소유하지 않는 사랑이 가능하기나 한 걸까요?"

그는 나무 주변을 서성이며 물었다.

"비아람에서는 기존의 생각이나 가치관의 변화로 혼란스러울 수 있어요. 그건 나를 잃는 게 아니라, 더 높은 차원으로 도약하는 과정이지요. 이 여행이 끝날 때쯤엔 사랑에 대해서도 눈뜨게 되시리라 믿어요."

내 말끝에 추추도 한마디 거들었다.

"아저씨는 마음의 귀가 더 넓어진 거 같은걸."

"허허, 그래? 내가 잘 해낼 수 있을 진 모르지만, 외줄기일지언정 길을 찾아가는 느낌이 들긴 하네."

쓸쓸하고 분노가 가득했던 그의 얼굴 위로 엷은 미소가 번졌다. 우리는 그를 뒤로하고 일어섰다.

"사람에게 사랑이란 뭐지?"

추추가 걸으며 내게 물었다.

"글쎄… 사랑에 대해선 간단히 말하기가 쉽지 않아."

"사랑은 여러 빛깔이라는 거야?"

추추가 고개를 갸웃하며 물었다.

"그래. 사랑 속엔 기쁨만 있는 게 아니라 믿음, 기다림, 아픔 같은 것이 다 버무려져 있으니까."

"그럼, 가장 아름다운 빛깔의 사랑은 뭐지?"

"그건… 나의 문제를 진실로 깨닫는 사랑. 그래서 그 사람의 어둠까지도 껴안을 수 있는 사랑이 아닐까."

나는 지난 내 사랑에 대한 참회의 마음을 담아 대답했다.

* * *

나뭇등걸에 앉아 있던 노인이 우리를 보고 손짓했다. 추추와 나는 버섯이 핀 그루터기 위에 나란히 앉았다.

"늙은이가 넋두리 좀 해도 되겠소?"

노인이 길게 한숨을 쉬며 물었다.

"그럼요. 무슨 말씀이든지 편하게 하세요."

나는 미소를 띠며 대답했다.

"이 몸은 올해로 여든 살이오. 살날이 얼마 남지 않은 늙은이지요. 안사람은 무정하게도 이태 전에 세상을 뜨고, 난 병이 들어 할 수 없이 서울 아들네 집으로 갔다오."

노인은 마비가 되어 펴지지 않는 왼손을 부끄러운 듯 바라보았다.

"웬만하면 혼자 살다 조용히 눈 감고 싶었지만, 그마저 내 맘대로 되질 않더군요."

"어떡하든 자식한테 짐을 지우고 싶지 않으셨군요?"

"그건 아마 모든 부모가 바라는 마음일 거요."

노인의 목소리가 쓸쓸히 가라앉았다.

"솔직히 빈손으로 들어가기가 염치없습니다. 며느리 볼 면목도 없고. 둘 다 직장인이라 한집에 살면서도 얼굴 보기가 힘들어요. 주말에는 내가 있는 걸 불편해하는 것 같아 일부러 밤늦게 들어갔다오. 그런데도 아들 내외가 자주 싸우더군요. 원체 아들은 나와 사이가 좋은 편이 아니라 가시방석이 따로 없었지요."

결국 노인은 아들 내외가 출근한 사이 집을 나왔다고 했다. 자기 문제로 싸우는 소리를 들은 다음날이었다. 일단 어디로든 떠나려고 터미널로 갔는데, 거기서 비아람에 대한 소문을 듣게 된 것이다.

"무엇에 이끌렸는지 모르지만, 부질없는 짓인 줄 알면서도 여기까지 오게 되었소."

"정말 잘 오셨어요. 그동안 얼마나 외롭고 힘드셨어요? 이젠 혼자가 아니에요. 비아람도, 저희도 함께할게요."

나는 노인의 마비된 손을 쥐고 말했다.

"나 같은 늙은이를 이리 대해 주니 고맙구려."

하늘에는 구름이 무심히 흐르고 있었다.

"고통의 숲에서는 어떤 나무를 만났어?"

추추가 물었다.

"저쪽 끝에서 나와 똑같은 나무를 보았지."

노인은 오른손을 들어 숲속을 가리켰다.

"몸은 비틀어지고, 가지는 잘려 나가고, 속은 텅 빈 채, 붉은 살갗을 드러낸 늙은 주목이었지."

자신을 쓸모없는 삭정이처럼 생각하는 노인이 안쓰러웠지만, 섣부른 조언이나 동정은 하지 않았다. 비아람을 찾아온 이상 그 누구도 더 나빠질 일은 없기 때문이다.

"검은나비의 이름도 알려 줘."

추추가 노인의 팔을 가볍게 흔들었다. 노인은 추추가 손자처럼 느껴지는지 웃으며 머리를 쓰다듬었다. 그러고는 옛날이야 기처럼 붉은 나무속 이야기를 들려주었다.

"내 이름을 찾아 줘."
뼈대만 남은 늙은 주목 안에서 검은나비가 말했다.
"너는 우울이다."
노인은 오래 생각할 필요도 없이 손쉽게 대답했다.
"왜 우울이지?"
"나는 사는 게 지옥이야. 파리보다도 못한 목숨, 끊어 버리면 그만인데, 이렇게 연명하는 내 꼴이 구차해서 견딜 수가 없구나."
"우울은 증상이고, 우울 뒤에 있는 게 내 이름이야."
"우울 뒤라고? 거기 뭐가 있다는 거냐?"
"잘 생각해 봐. 그건 자신만이 알 수 있어."
노인은 우울 속을 더듬어 들어가 보았다. 가진 것도 없고 몸까지 병들어, 갈 곳 하나 없는 자신의 처지가 한심하고 처량하기 그지없었다.
"난 아무 희망이 없어. 이젠 다 끝났어. 사람들은 백세시대가 축복이라고도 하지만, 나 같은 늙은이에겐 형벌이고 저주야. 이 꼴을 봐. 내게 남은 건 쓸모없고 무력한 몸뚱이밖에 없지 않나."

"남은 게 없다고? 팔십 년 세월이 그 속에 있는데 가진 게 없다고?"

검은나비가 반문했다.

"세월이 모든 걸 앗아갔어. 젊어서야 좋았지. 꿈도 있고 패기도 있었어. 하나 이젠 살아 봤자 더 누추해질 뿐이야."

노인은 나무껍질처럼 쭈글쭈글한 손을 주목의 몸에 얹으며 말했다.

"생명 있는 건 다 쇠락하지만, 쇠락한다고 가치가 없는 건 아니잖아?"

검은나비가 힘주어 말했다.

노인은 고통의 이유가 늙고 병들고 가난하기 때문만은 아니란 걸 잘 알고 있었다.

"그래, 이런 한탄 속엔 내가 더는 중요한 존재가 아니라는 무력감이 숨어 있을 테지."

"중요한 존재란 어떤 거지?"

검은나비가 나직이 물었다.

"그거야 쓸모 있는 사람이 되는 거지. 돈을 벌고, 가족을 먹여 살리고, 아무에게도 의지하지 않고 스스로 떳떳이 살아가는 거지. 하나 이젠 내가 누구였는지, 어떤 일을 해냈는지 아무도 몰라. 모두 귀찮고 흉한 퇴물처럼 여긴단 말이지."

빛나고 창창하던 시절을 떠올리며, 노인의 얼굴에 잠시 뿌듯한 미소가 번졌다. 그러나 그것은 이내 거품처럼 사라졌다.

"난 산송장과 다름없어."

노인은 낡은 운동화 뒷굽으로 낙엽들을 바스러뜨리며 말했다.

"능력과 권한이 사라져 가는 현실을 받아들이기 힘든가 보구나? 근데 힘을 더 빼면 어떨까? 남은 힘마저 다 내려놓으면 어떨까?"

생뚱맞은 검은나비의 말에 노인이 언짢은 표정을 지었다.

"늙어 빠진 몸뚱이에 무슨 힘이 더 남아 있다고 그래?"

"아주 큰 힘이 있지. 모든 걸 끌어들이려는 자력. 공경 받길 원하고, 권위를 갖길 바라고, 돈에 욕심내고, 건강에 집착하고…."

"그만하지 못해!"

노인은 버럭 소리를 질렀다.

"그게 무슨 망발이야? 이 사회를 일으킨 게 누군데? 이 나라가 이만큼 잘살게 된 게 누구 덕이냐고! 다 우리의 피와 땀으로 이루어진 거야. 이제 늙고 병들어 자손들의 공경을 바라는 게 그리 부당한 거야? 돈과 건강에 집착한다고? 네가 뭘 알아? 괄시 받지 않기 위해 그런다. 자식들 애먹이지 않기 위해 그런다고!"

노인은 기분이 상해 그만 숲을 나가 버리려고 했다. 그러자 검은나비가 다급히 붙잡았다.

"잠깐만! 그런 행동 뒤엔 '화'가 숨죽이고 있다는 것도 알고 있어. 그걸 풀어놔 봐."

"또 무슨 뚱딴지같은 소릴 하려는 거야?"

"실은, 아들한테 화가 나 있잖아. 안 그래?"

검은나비의 두 눈이 나무 틈에서 반짝였다.

그러고 보니 노인은 언젠가부터 마음속에 무언가 단단히 똬리를 틀고 앉아 있는 걸 느껴 왔다.

"그래, 이건 화야. 화라고!"

그는 불현듯 소리쳤다.

노인은 '화'라는 단어를 토하는 순간 부끄러움을 느꼈다. 그러나 꽁꽁 묶여 있던 화는 고삐가 풀리자마자 저 혼자 미친 듯 풀어헤쳐졌다.

"어떻게 그럴 수 있느냐 말이야? 난 자식 하나 잘되길 바라는 마음뿐이었어. 내가 굶으면서도 자식 배는 곯지 않게 했지. 내 손은 갈라질지언정 아들 손엔 옹이 하나 없이 키웠어. 시골에서 도시로 유학 보내는 게 어디 그리 쉬운 줄 알아? 난 해 줄 만큼 해 줬다고! 그런데 그런 놈이, 처자식만 위한다고 날 헌신짝처럼 버려? 이게, 어디 사람이 할 짓이야? 말해 봐, 말해 보라고!"

노인은 주목을 잡고 마구 흔들어댔다. 검은나비가 안에서 속껍질을 쪼아 대는 소리가 들려왔다. 이제 나올 준비를 하는 것 같았다. 그러나 모습은 여전히 보이지 않았다.

"그래, 그 마음 잘 알아. 하지만 늙음은 자연 현상이야. 모든 생명체는 시간을 거스를 수 없다는 걸 알잖아? 그건 무시당할 일도, 특권을 주장할 일도 아니야. 지금까지 자식을 위해 희생적인 삶을 살았다 해도, 그게 모든 동물의 운명이라 생각하고, 더 이상의 바람을 갖지 않는 게 현명하지 않을까? 기대 심리를 갖는 순간 서운함을 가질 수밖에 없을 테니까."

검은나비는 노인의 눈치를 살피며 말했다.

"허참, 그러니까 늙었다고 대접받을 생각 말고, 내리사랑은 당연한 거라는 걸 그리 거창하게 늘어놓는 거냐?"

"아니, 그 이상이지. 늙음에 대한 자부심을 가지라는 거야. 아무것도 가진 게 없는 몸이라 했지? 팔십 년 세월을 거저 살아왔을까? 삶의 고비를 이겨 낸 용기, 자식을 키워 온 사랑, 세상을 헤쳐 온 지혜… 그런 게 아무것도 아니란 말이야? 이 모든 것이 그 늙은 몸 안에 가득한데, 남아 있는 게 없다고? 몸이 병들고, 기억이 희미해지고, 가진 것이 없어도, 생을 이겨 낸 용사답게 당당하길 바라. 그 당당함으로 남은 힘마저 다 내주길. 기대지도, 서운해하지도 말고, 훨훨 자유로워지길 바라는 거라고."

검은나비의 말을 들으며, 노인은 한참 말을 잇지 못했다. 늙은 나무가 지나가는 바람에 한차례 흔들렸다. 노인이 나무를 부여잡았다.

"실은 너무도 외롭더군. 아무도 곁에 없다는 사실이 어찌나 막막한지…. 하루해가 얼마나 긴지 몰라. 이렇게 살면 뭐 하겠나. 이게 사는 건가?"

노인의 쉰 목소리가 바람에 흩어졌다.

"쉼 없이 달려온 인생이었어. 뭘 위해 살아왔는지 이제 와선 후회가 돼. 고작 이렇게 살다 갈 걸, 그리 악을 쓰며 살아왔나. 인생이 참 허무하고 고단해."

"그래, 이제 거의 다 온 것 같아. 그 밑바닥에 있는 내 이름을 불러 줘."

검은나비가 속삭였다.

노인은 마음의 바닥에 귀를 기울였다. 파도가 저 멀리서 밀려오듯 슬픔이 젖은 얼굴로 다가왔다.

"젊어서는 모든 게 내 의지로 가능했어. 하나 이젠 일도, 자식도, 건강도, 내 마음대로 할 수 있는 게 아무것도 없어."
노인은 힘겨운 음성으로 마지막 말을 밀어냈다.
"이런 몸으로 아무도 모르는 곳에서 죽게 될까 봐. 아니, 인간으로서 내 마지막 존엄마저 잃게 될까 봐, 그게 너무 무섭구나. 그러니까 너의 이름은… 죽음에 대한두려움이다."
드디어 검은나비가 늙은 나무의 심장을 뚫고 빠져나왔다.
"날 불러내 줘서 고마워. 이제야 날 수 있게 됐어. 오랜 친구여! 안녕."
그리고 붉은 나무속은 잠잠했다.

여기까지 들려주고 노인은 맥이 풀린 듯 어깨를 늘어뜨렸다.
"내가 뭘 한 건지 모르겠소. 부끄럽기도 하고. 그냥저냥 살다 갈걸, 괜히 여기까지 온 게 아닌가 싶소."
"정말 애쓰셨어요. 비아람 숲에 오신 것은 그만큼 삶을 잘 마무리하고 싶어서일 거예요. 검은나비를 찾아내셨으니, 이제 남은 숲들도 함께 통과해 봐요. 그러면 우울과 두려움이 다른 모습으로 변화되는 걸 경험하실 거예요."
나는 노인의 손을 잡고 말했다.
"그리될 수만 있다면야…."

노인의 주름진 얼굴이 조금씩 생기를 되찾는 걸 보니, 내 마음도 한결 가벼워졌다. 추추와 나는 노인을 뒤로하고 일어섰다.

"결국 고통의 얼굴은 두려움이구나?"

추추가 나를 따라오며 말했다.

"그렇지. 무가치함에 대한 두려움, 버림받음에 대한 두려움, 죽음에 대한 두려움 등 고통의 내용은 다르지만, 그 공통점은 두려움이지."

"두려움은 어디서 온다고 생각해?"

추추가 물었다.

"그거야 사람마다 다르지 않을까?"

추추는 고개를 저었다.

"모든 두려움의 뿌리는 하나야. 신을 잃어버렸기 때문이지."

순간, 추추의 말이 맞을지도 모른다고 생각했다. 비아람에서 신을 만난 그날 이후, 나는 얼마나 기쁨에 충만했던가.

"추추, 내가 하늘의 평화를 회복하는 날이 올까?"

"온 마음으로 원하면!"

추추가 씽긋 웃으며 또렷하게 대답했다.

서서히 날이 저물고 있었다. 일행은 숲 입구로 모여들었다. 그들의 얼굴은 아침에 길을 나설 때보다 한층 더 숙연해 보였다. 고통의 강에 깊이 몸을 담그고 왔다는 증거일 터였다. 대학원생 청년과 여대생 J는 숲속에 늦게까지 있어서 얘길 나누지 못했다. 아쉬웠지만 다음 숲을 기약하기로 했다. 고즈넉한 햇살이 눈 위에서 반짝였다. 우리는 천천히 걸어 쉼터로 돌아갔다.

*　*　*

늦은 밤 추추가 내 방으로 왔다. 추추는 오늘 아침, 쉼터에서 만난 그 소년의 집에 다녀왔다고 했다.

"소년의 아버지는 어땠어?"

내 물음에 추추는 뜻밖의 대답을 했다.

"아저씨는… 상처받은 아이였어. 오래전에 마음이 다쳐서, 병들어서 그랬던 거야. 그래도… 남을 아프게 하면 안 돼. 그건 나쁜 거니까. 아저씨에겐 도움이 필요해. 치료가 필요해."

사람들은 어린 시절의 아픔을 그대로 안고 살아간다. 그 아픔은 영혼에 구멍을 내고, 가족과 주위 사람들을 블랙홀처럼 빨아들인다. 때론 상처로, 때론 폭력으로….

"아저씨에게 이걸 보여 줬어."

추추가 등에서 날개를 살짝 폈다.

"그리고 비아람에도 초대했어!"

소년은 아버지로부터, 아버지는 그의 부모로부터, 그 부모는 또 그들의 양육자로부터 수많은 영향을 받으며 살아왔고, 그만큼의 영향을 끼치며 살아간다. 그 관계에서 예외인 사람은 아무도 없을 것이다.

또 다른 비아람 숲 여행이 기다려졌다.

두 번째

생각의 숲
올바른 생각을 깨우는 법

따뜻한 햇살이 음지에 남아 있던 눈들을 비추며 언 땅을 녹이고 있었다. 잎을 떨구고 맨몸을 드러낸 겨울나무들은 얼핏 보면 비슷해 보이지만, 몸통의 결은 다 달랐다. 매끈거리는 것도, 우툴두툴한 것도, 비늘조각으로 뒤덮인 것도, 흰 반점이 있는 것도 저마다 타고난 고유의 모습을 띠고 있었다. 곧 봄이 올 것이다. 이파리가 돋고 꽃이 피면, 나무들은 더 완연한 자기의 모습을 찾으리라.
 고통의 숲 돌비를 한참 지난 뒤, 똑같은 모양의 검은색 돌비가 일행을 맞았다. 돌비 속에는 사람의 것인지, 신의 것인지 모를 눈동자 하나가 선명히 새겨져 있었다. 그 눈은 햇빛을 받아 정기를 내뿜는 듯 밝게 빛났다. 그 아래엔 정자체로 새긴 글씨가 있었다.

'생각의 숲.'

"사람의 감정과 행동을 좌우하는 건 생각입니다. 자신에게 일어난 일을 올바르게 생각하고, 이해하는 건 무엇보다 중요하지요. 생각의 숲에서는 여러분이 가진 생각들을 탐색해 볼 거예요. 과거의 상처를 생각의 호수에 비춰 보세요. 그러면 고통의 숲에서 마주했던 고통의 실체를 새로운 눈으로 보게 될 것입니다."

나는 생각의 숲 돌문 앞에 서서 사람들에게 말했다.

생각의 숲 한가운데에는 푸른 호수가 있었다. 우거진 잡목들을 둘레로 밀쳐 놓고 맑은 눈을 뜨고 있는 호수를 일행은 놀랍게 바라보았다.

"와! 신의 눈동자 같아. 숨길 수도 가릴 수도 없어."

추추는 호숫가로 달려가 소리쳤다.

추추의 말대로 눈 맑은 호수는 사람의 마음속 흐름을 훤히 다 보여 주었다. 이곳에 다녀간 사람들은 호수를 '지혜의 눈'이라고 불렀다. 일행은 호숫가에 간격을 두고 빙 둘러앉았다. 물속을 들여다보는 표정들이 진지했다. 이제 자기의 생각이 어디에서 와서, 어디로 흘러가는지 거울을 보듯 들여다보게 될 것이다.

"호수가 아직 여기 있어서 다행이야."

추추가 내게 와 뜻 모를 말을 했다.

"무슨 뜻이니?"
"그냥…. 아직은 사람들에게 기회가 있어서 다행이란 뜻이야."
추추가 얼버무렸다.
"추추, 십 년 전 내가 이 호수에서 무얼 보았는지 알아?"
추추의 눈이 호기심으로 반짝였다.
"아주 중요한 걸 깨달았는데, 내 생각이 나를 지배했다는 거야. 내 고통의 근원은 바로 생각에서 비롯됐다는 걸 알았지."
"생각이 그렇게 중요하단 말이지?"
"그래. 생각이 생각을 낳고, 생각이 나를 만드니까."

* * *

나를 지배하는 생각은 무엇인가.
생각의 길을 아는 것은 온전함에 이르는 길이다.

* * *

젊은 여성이 호숫가에 앉아 있었다.

"두 눈에는 눈물이 가득한데, 표정은 웃고 있네요?"

추추와 함께 그녀 옆에 앉으며 내가 물었다.

"내 생애 처음으로 대단한 생각을 발견했거든요."

그녀는 눈자위를 닦으며 배시시 웃었다.

"생각을 발견했다고? 정말 멋진걸. 어떤 생각인데?"

추추가 흥미를 보이며 물었다.

"타인의 생각은 타인의 것이라는 것!"

그녀는 귀한 보물을 꺼내 놓듯, 어깨를 으쓱 추어올리며 대답했다.

"응? 무슨 말인지 모르겠는걸?"

추추가 고개를 갸우뚱했다.

"내 생각과 타인의 생각을 판단할 수 있게 됐어."

그녀의 표정과 말투에서는 이미 변화가 시작되었음을 느낄 수 있었다.

"생각하는 법을 배우셨군요? 어떤 이야기를 들려주실지 몹시 기대되네요."

내 말에 그녀는 상기된 표정으로 호수와의 만남을 꺼내 놓았다.

"네 마음을 내게 비춰 보렴."

호수가 그녀의 발아래서 말을 걸어왔다.

"어떻게요?"

"네 마음을 알고 싶다는 간절함으로 물속을 들여다보면 돼."

"그럼 나를 알 수 있나요?"

"알 수 있지. 모든 건 다 연결되어 있거든. 매듭을 찾으면 풀 수도 있어."

호수의 목소리는 몇백 년을 산 것처럼 깊고, 어린아이의 음색처럼 맑았다. 어쩌면 수백 가지의 물빛을 품은 것 같기도 했다.

그녀는 호수가 일러 준 대로, 자기를 알고 싶다는 간절한 바람으로 물속을 들여다보았다. 갑자기 호수가 몸을 힘차게 뒤집었다. 그때까지 그저 물로만 보이던 호수는 맑은 눈을 크게 떴다. 그 눈 속에 그녀가 담뿍 담겼다.

호수는 푸른 눈빛으로 그녀의 삶을 조명하기 시작했다. 어릴 때부터 지금까지 그녀가 디뎌 온 인생길을, 물밑 크고 작은 돌멩이에 환등기처럼 비추며 길게 흐름을 이어 나갔다. 그건 오직 그녀 인생으로 만든 단 하나의 작품이었다.

그녀는 물속 세계를 탐탁지 않게 바라보았다.

"난 왜 이렇게 살아온 걸까요?"

"왜, 마음에 들지 않니?"

"전혀요. 여기, 이 꼴 좀 보세요. 사람들과 어울리지 못해 쭈뼛거리는 모습이 너무 한심하잖아요. 죽고 싶다는 말도 일기장에 수없이 써넣고 있네요."

"음, 이제 찬찬히 되짚어 보자꾸나. 과거로 돌아갈 순 없지만, 과거를 치유할 순 있지. 여기서는 생각하는 법을 배우게 될 거야."

"생각하는 법이요?"

"그래. 네가 가지고 있는 생각들을 다시 점검해 보는 거지."

호수는 푸른 손가락으로 점 하나를 콕 찍고, 그 점을 중심으로 점차 커지는 동그라미 세 개를 그려 나갔다.

"자, 세상을 보는 데는 세 개의 틀이 있단다. 너를 중심으로 가장 안쪽 원은 주관적인 틀, 좀 더 큰 원은 객관적인 틀, 바깥의 제일 큰 원은 통합적인 틀이야. 네가 어떤 틀로 생각하느냐에 따라 세상을 보는 눈이 달라지지."

"세 가지를 다 사용하는 게 어디 쉬운 일인가요? 누구든 주관적인 틀에 쉽게 휘둘리지 않을까요?"

"그래서 훈련이 필요한 거야. 이제 너에게 영향을 미쳤던 시간들을 하나씩 들여다볼까?"

호수가 네모난 돌 하나를 비추었다.

물밑에는 가방을 멘 초등학생이 보인다.
"너는 왜 그렇게 활발하지 못하니? 다른 집 딸들은 학교에서 오자마자 친구들 얘기며 학교 얘기며 조잘거린다는데, 넌 왜 그렇게 꿀 먹은 벙어리냐? 딸 키우는 재미가 하나도 없다. 너까지 이 모양이니 사는 낙이 영 없어!"
어머니가 안방에 누워 신경질적으로 말한다.
이 말을 들은 후, 자기 방에 들어가 숨죽여 울고 있는 어린 그녀가 보인다.

"그때 큰 상처를 받았구나?"
그녀는 말없이 고개를 끄덕였다. 그 사건은 아직도 그녀의 마음을 아리게 했다.
"여기 비슷한 상처가 또 보이는구나."
호수는 다른 돌 위를 비추었다.

이번엔 그녀가 가장 좋아한 중학교 담임선생님이 보인다.
"넌 성격을 바꿔야 해! 그런 성격으로는 이 사회에서 살아남을 수 없다. 도태되고 말 거야. 다른 애들처럼 적극적이고 활발해야지. 넌 너무 내성적이야!"
이 말을 듣고 자살을 생각하는 여중생의 모습이 물밑에 가라앉아 있었다.

"이 두 사건이 너에게 왜 그리 큰 상처가 되었다고 생각하니?"
호수가 물었다.
"그건… 처음으로 남과 비교당하며, 나 자신을 부끄럽고 하찮은 존재로 믿게 만들었으니까요."
"그래. 그럼, 그 사건을 객관적인 틀로 다시 생각해 보자."
호수가 큰 눈을 뜨고 그녀를 바라보았다.
"그들의 말은 사실일까?"
"네…?"
"그들의 말이 정말 옳다고 생각하니?"
이 질문은 그녀를 송두리째 흔들어 놓았다. 지금껏 한 번도 이렇게 생각해 본 적이 없었다.
'그들의 말이 사실이냐고? 그럼, 그들의 말이 옳지 않을 수도 있단 말인가?'
"그때, 그들은 왜 그런 말을 했을까?"
"…."
호수의 질문은 계속되었다.
"그건 어디까지나 당시에 그들의 입장에서 한 말일 뿐, 너와는 별개의 문제야. 그렇지 않니?"

그녀는 어지러웠다. 호수가 부드러운 바람으로 머리를 식혀 주었다.

"자, 그때로 돌아가서 다시 생각해 보자. 엄마가 왜 그런 말을 했을지 되짚어 보렴."

호수의 격려에 그녀는 당시 상황을 최대한 객관적으로 생각해 보려고 했다.

"그러니까, 음… 그때 엄마는 밖으로만 나도는 아버지 때문에 늘 두통과 우울증에 시달렸어요. 혼자 누워 있으려니 외롭기도 했을 테고… 살갑지 않은 내게 섭섭하고 화가 났을 것도 같아요. 흠… 그러다 보니, 이웃집 모녀지간이 부러워 순간 내뱉은 말일지도…."

그녀는 스스로 생각해 낸 결론에 소스라치게 놀랐다.

"그럼, 선생님에 대해서도 생각해 볼까?"

호수가 빙그레 웃으며 물었다.

"그러니까… 그때는 소풍날이었어요. 점심시간이었는데 다른 반 반장들은 담임 선생님들의 시중을 들면서 모여 앉아 있었어요. 나도 반장이었는데…. 후훗, 그땐 공부 잘하고 얌전한 애가 반장을 하던 시절이어서요. 난 그들 무리에 끼는 게 불편해서 가지 않았죠. 근데 점심시간이 끝나자 선생님이 내게 와서 그런 말을 했던 거예요. 성격을 바꿔야 한다고. 음… 돌이켜보니, 선생님은 화가 났을 것도 같네요. 반장에게 대접받는 다른 선생님들을 보니 부럽기도 했을 테고, 반장의 역할을 제대로 못 하는 내가 못마땅했을 것도 같아요. 어쩌면 그게 정말 저를 위하는 말이라고 생각했을 수도 있고요….”

그녀는 자기의 말이 믿을 수 없는 듯 입을 막았다.

"그래, 그렇게 생각하니 어떻게 느껴지니?"

"맙소사! 난 왜 어머니의 말이 전부인 양, 선생님의 말이 진리인 양 믿어 버린 걸까요?"

그 말들을 비수처럼 담고 수십 년간 살아온 게 억울했다.

"그건 네 잘못이 아니야. 사람은 관계 속에서 자신의 가치를 발견하지. 그들은 어린 너에게 가장 의미 있는 존재였으니, 그만큼 그들의 말이 중요하게 받아들여졌던 거야."

호수가 그녀를 다독이며 말했다.

그녀는 오랜 세월 가슴에 얹혔던 무언가가 조금씩 가벼워지는 것 같았다. 홀린 듯 바라보는 그녀에게 호수는 지혜의 눈빛을 비추며 말문을 열었다.

"자, 여기를 보렴. 아직도 생각해 봐야 할 마음 길이 더 보이지?"

호수는 돌멩이들 사이로 난 길을 세심하게 쓸어내리며, 깊숙이 박힌 돌 하나를 가리켰다.

거기에는 수업이 끝나고 교문을 나서는 한 무리의 초등학교 여자애들이 있었다. 키 큰 아이를 중심으로 왁자하게 떠들며 지나간다. 무리는 옆에서 걸어가는 아이를 흘끔거리며, 자기들끼리 귓속말하다가 큰 아이의 집으로 우르르 몰려간다. 키 큰 아이는 의기양양한 얼굴로 아이를 휙 돌아본다. 승리자의 눈빛이다. 아이를 얼어붙게 하는 눈빛이다.

거리에는 아이만 덩그러니 남아 있다. 햇볕이 따갑다. 고개를 숙이고 혼자 집으로 간다. 안방에는 아픈 엄마가 누워 있다. 집 안은 정적이다. 아이는 울음을 삼키며 일기장을 펼친다.

"이 일에 대해 말해 보겠니?"
호수가 물었다.
"그 애와 저는 라이벌이었어요. 공부든 글짓기든 그림이든 뭐든지. 근데 성격은 정반대였죠. 아주 외향적이었던 그 앤 일부러 반 친구들을 포섭해서 나를 따돌렸어요. 난 늘 약자고 패배자였죠. 비웃는 듯한 표정과 똑 부러진 말투, 쏘아보는 눈빛…. 전 그 애의 뒷모습만 보여도 숨고 싶었어요."

"그래서 너도 외향적으로 변하고 싶었던 거니?"

호수의 기습적인 질문이었다. 대답을 준비할 새도 없이 다른 질문이 이어졌다.

"어른이 된 지금도 너는 누가 너를 좋아하고 싫어하는지, 모임의 분위기가 너에게 우호적인지 적대적인지 그것에만 초점을 두지 않니?"

그러고 보니 그녀는 어떤 자리에서든 사람들의 표정과 말투에 촉각을 곤두세우곤 했다.

"왜 그런다고 생각하니?"

"그건… 다시는 상처 받고 싶지 않아서요."

"아니야. 너는 상처 받으면 안 되는 사람이라고 생각하기 때문이지."

"네…?"

"너는 자신이 조금이라도 부족하다는 걸 받아들일 수 없는 거야. 그러니 비난이나 소외에 더욱 예민하고, 상처를 쉽게 받는 거지. 남들이 너를 싫어하거나 미워할 수도 있고, 너에게도 모자라거나 못난 점이 있을 수도 있는데, 그걸 인정하기 힘들었던 거야."

그녀는 그간 자신은 피해자요 열등하다고만 생각했는데, 자신 안에 그런 강한 자기애가 있다니, 믿어지지 않았다.

"저는 왜 그런 걸까요? 나도 나를 모르겠어요."

그녀는 머리가 복잡해지기 시작했다.

"그럼, 가장 큰 통합의 틀로 생각해 볼까?"

"그건 너무 어려울 것 같은데요?"

"생각하는 과정은 힘들지만, 공들여 생각하지 않으면 길을 잃고, 엉뚱한 곳에서 자아가 헤매게 된단다."

호수가 물속을 가리키며 말했다.

"여기에 답이 있을 것 같구나."

머나먼 기억의 조각들이 바람에 이는 물결을 타고 돌멩이 위에서 출렁거렸다.

어머니는 수건을 머리에 동여매고 누워 있다. 안방에선 오래 묵은 시큼한 냄새가 난다. 교사인 아버지는 엄하고 무섭기만 하다. 어린 그녀는 한 번도 야단을 맞은 적이 없지만, 한 번도 사랑받는다고 느껴 본 적도 없다. 새 옷을 입고, 새 학용품을 가진 그녀는 또래들에겐 부러움의 대상이다. 하지만 그녀는, 마음껏 까불고, 형제가 있어 다투기도 하는 가난한 집 아이들이 오히려 부럽다.

"너의 환경이 네 속에 '우월 자기'를 만들어 놓았구나?"
"그런 것 같아요…."
"많이 외로웠겠구나?"
"네…."
"실은 사랑받고 싶었던 거구나?"
"네…."
호수는 물안개를 피워 올려 보드라운 흰 손으로 그녀의 머리를 쓰다듬어 주었다.
아, 이런 손길이 얼마나 그리웠던가. 한 번도 부모에게 안겨 본 적이 없어서일까. 어른이 된 지금도 그녀는 엄마가 아이의 머리를 쓰다듬어 주듯, 그렇게 누군가 머리를 가만가만 어루만져 주기를 꿈꾸곤 했다. 내면 깊은 곳의 상처를 처음으로 위로받는 느낌이었다. 감추려고만 했던 결함도, 약함도 괜찮다고, 다 괜찮다고 토닥여 주는 것 같았다. 마음이 포근해졌다.
"전 사람들과 진심으로 연결된 적이 없어요. 언제나 가면을 쓰고 살았어요. 좋은 척, 강한 척, 잘 사는 척… 진정한 나는 거기 없었어요."

처음으로 그녀는 자기 문제를 인정했다. 자책하는 그녀를 호수가 부드럽게 어루만졌다.

"이젠 그 골방에서 나올 때가 되지 않았니?"

이어 사랑이 가득 담긴 눈빛으로 호수가 말했다.

"너의 가치를 남과 대결하는 데서 찾으려 하지 마. 너는 다른 사람이 되려고 발버둥 칠 필요가 없어. 주목 받거나 사랑 받으려고 애쓸 필요도 없어. 넌 그냥 너여도 돼!"

그녀는 마침내 허물어지고 말았다.

한참 후 울음을 그치고 보니, 호수는 처음처럼 맑은 물로 잔잔히 흐르고 있었다.

"내가 나로서 살아도 된다는 사실이 무엇보다 기뻐요."

그녀가 이야기를 마무리했다.

"자신과 평화롭게 지내는 법을 찾으셨군요. 축하해요."

그녀가 그러한 통찰에까지 이르렀다니 기쁘기 그지없었다. 나는 웃으면서 일어섰다.

"악의 씨앗을 하나 찾은 것 같아."

추추가 내 옆에서 걸으며 진지하게 말했다.

"그래? 그게 뭔데?"

"하나의 독한 말."

젊은 여성의 어머니와 선생님을 생각하며 한 말일 터였다.

"왜 그렇게 생각하니?"

"비아람 숲이 없었다면 그들의 말 때문에 평생 자신을 미워하며 살았을 거잖아."

"그래. 아무 생각 없이 내뱉은 말 한마디는 영혼을 죽일 수도 있지."

그들이 어떤 의도로 그런 말을 했든, 어린 그녀에겐 상처가 되고, 악영향을 미쳤다는 건 부인할 수 없을 것이다.

우리는 천천히 걸어 다른 곳으로 향했다.

* * *

청년이 호숫가 위 벤치에 혼자 앉아 있었다.

"같이 앉아도 될까요?"

"아, 네에."

청년은 벌떡 일어나 추추와 내가 앉도록 배려한 뒤, 가장자리에 앉았다.

"며칠간 함께 하면서도 우리, 깊은 얘기는 나누지 못했지요?"

내가 말했다.

"마음이 좀 혼란스러워서요."

청년이 머리를 긁적이며 쑥스럽게 웃었다.

"만남에는 다 알맞은 때가 있는 거 같아요. 비아람 숲 여행은 할 만한가요?"

"네. 이제야 제 안이 좀 정리가 되어 가는 느낌입니다."

"그래요? 참 반가운 일이네요."

청년은 안경을 치켜올리고는 호수를 지그시 바라보았다.

"실은 타성적으로만 살아왔던 저를 이곳에서 처음 마주 보게 되었습니다. 그간 한 번도 문제 제기를 하지 않았거든요. 나 자신에 대해서는."

아직은 설익음이 묻어나는 젊은이가 생각의 호수에서 어떤 얼굴을 만났을지 궁금했다. 청년의 이야기가 계속되었다.

"대학원에 입학할 때만 해도 큰 꿈이 있었습니다. 최고 명문대에서 공학박사가 되어 이 사회의 주역으로 일하겠다는…. 그게 지금까지 달려온 이유이자, 제 삶의 목표였습니다."

"그랬군요. 그런 꿈을 안고 살아오셨군요."

"그런데 선생님, 사람은 변하지 않는다지만 아니에요. 변하는 건 한순간입니다. 어떤 계기만 주어진다면요."

청년이 단호하게 말했다. 그건 자신의 체험에서 나온 살아 있는 말일 터였다.

추추가 옆에서 턱을 괴고 앉아 이야기를 재촉했다. 추추의 눈빛에 못 이겨 청년은 이내 호수와의 만남부터 풀어놓기 시작했다.

"자네는 누구인가?"
호수가 청년에게 다가와 물었다.
"…."
"자네를 움직이는 건 무엇인가?"
"…."
"자네는 어떤 삶을 살고 싶나?"
"…."
청년은 아무 말도 할 수 없었다. 호수의 푸른 눈을 보니 갑자기 자기가 하려는 말이 진짜 자기 것인지 확신할 수가 없어서였다. 호수는 물밑 돌 중 가장 크고 무거워 보이는 돌 하나를 비추었다.
"이 사람에 대해 말해 보겠나?"
거기엔 한 얼굴이 정지 화면으로 선명히 드러나 있었다. 그의 대학원 주임교수였다.
"교수님은 학계에서 알아주는 분이시죠. 다들 훌륭한 분으로 알고 있습니다."

"그런데 자네 얼굴이 왜 그렇게 어두운가?"

청년은 눈을 감았다가 떴다. 잊고 싶었던 일들이 물결 위로 번져 나갔다.

사실 청년은 단단한 기관차처럼 앞만 보고 달려왔다. 칭찬과 갈채 속에 모범생으로, 우등생으로, 집안의 자랑으로, 성공에 대해 한 치 의심이 없었다. 그러나 지금은 모든 게 혼란스러웠다.

"언제부턴가 교수님의 이중적인 면을 느끼게 되었습니다. 딱히 뭐라 할 수 없는…. 그러니까, 우리를 교묘히 조종하는 느낌이라고나 할까요."

"더 자세히 말해 보겠나?"

"저는 그간 교수님이 죽으라면 죽는시늉까지 했습니다. 그 정도도 이겨 내지 못하면 성공은커녕 아무것도 할 수 없다고 생각했죠. 하루 스무 시간씩 연구에 몰두하고, 그 연구물을 교수님이 가로채 가도 그러려니 했고, 여 제자와의 불미스러운 소문을 무마하라고 지시해도 그러려니 했습니다. 교수님은 제게 늘 '자네가 최고야', '이번 연구 과제를 성공시키면 반드시 내 후계자로 만들어 주겠어'라고 하셨죠. 그런 말을 들을 때마다 저는 어깨가 으쓱해지고, 내 꿈에 이미 도달한 것처럼 기뻤습니다. 하지만 교수님은 필요할 때마다 다른 동료들에게도 똑같이 말했지요. 그러다 보니 제자들은 교수의 그 한마디를 듣기 위해 충성 경쟁을 해야 했어요. 서로 시기하고 질투하고 비방하면서요."

"그랬군. 고통의 숲에서 자네의 검은나비 이름은 뭐였나?"

호수는 모든 걸 다 알고 있으면서도 짐짓 질문을 던지는 것 같았다. 청년은 개의치 않았다. 이런 과정을 통해서라도 자신이 찾고자 하는 진리의 언저리에 이르고 싶었다.

"초등학교 5학년 때였죠. 우등상을 타고 집에 갔는데 아버지가 처음으로 안아 주셨어요. 무섭기만 했던 아버지가 저를 보며 처음 웃어 주었지요. 그때 알았어요. 공부를 잘하는 것만이 아버지께 사랑받는 길이라는 걸. 그 후로 아버지의 뜻에 따라 전공을 선택하고, 대학원에 진학하고, 오늘에까지 이르렀어요. 저는 그간 아주 잘 살아왔다고 생각했습니다. 엘리트 코스를 밟으며 늘 자신감에 충만했으니까요. 그런데… 그런데요, 제 검은나비의 이름은 놀랍게도 삶에 대한 두려움이었습니다."

청년의 목소리가 흔들렸다.

"흠… 그 두려움은 어디서 오는 거지?"

"비아람 숲에 오기 전까진 몰랐습니다. 내 안에 무엇이 있는지…. 실은 얼마 전, 친구가 갑자기 죽어 버렸습니다. 이제 그만 애벌레 탑을 내려가겠다는 유서와 함께요. 그 친구의 죽음이 저를 한순간에 멈추게 했습니다. 모든 게 어디서부터 꼬여 버린 건지 모르겠어요. 저도 그 친구처럼 될까 봐… 그게 너무 두려웠습니다."

"친구처럼 된다는 건 무슨 뜻인가?"

호수가 끈덕지게 물었다.

"그건… 그러니까…. 실패하는 것이죠."

"자네는 실패를 가장 두려워하는군. 그런가?"

청년이 고개를 떨궜다.

"그럼 다른 질문을 하나 더 하겠네. 아버지와 주임교수는 자네에게 어떤 의미인가?"

"그분들은… 저의 정신적인 버팀목이었습니다."

청년은 이내 얼굴을 찡그렸다.

"그런데 그들은 너무도 닮았습니다. 아들인 내가 어떡하면 아버지의 위신을 세워 줄지, 학생인 내가 어떡하면 교수님의 착한 일꾼이 될지 너무 잘 알았거든요."

"그런데도 왜 자네는 그들의 인정에 목말라해 왔나?"

"그건….."

"자네도 그들이 필요했던 게 아닌가?"

호수가 정곡을 찔렀다.

"자네는 그들의 칭찬이 없으면 살 수 없으니까. 그게 자네를 움직이게 하는 힘이니까. 그렇지 않나?"

청년은 정신이 아뜩했다. 가까스로 볼멘소리를 내뱉었다.

"칭찬이 나쁜 건 아니지 않습니까?"

"그렇지. 상대의 성장을 돕는, 진심을 담은 칭찬은 기분 좋은 것이지. 하나 상대를 조종하기 위한 칭찬은 어떨까?"

"그걸 어떻게 구별합니까?"

호수는 즉답 대신 물속을 가리켰다.

"여기를 보게."

동그란 돌멩이 위엔 어린아이가 크레파스로 무언가를 즐겁게 그리고 있었다. 초등학교 5학년 이후로 청년은 그 아이를 잊고 있었다.

"이 아이에게 웃음을 찾아 주고 싶지 않나?"

"저보고 화가가 되라는 말씀인가요? 저는 이미 성인이고, 그 일을 하기엔 너무 늦었습니다."

호수가 흰 물결을 일으키며 말했다.

"그런 말이 아니야. 자네가 무얼 하든, 어떤 직업을 갖든 중요한 게 아니야. 얼마나 본래의 자기 자신이 되느냐, 그게 중요한 거지."

"본래의 자기 자신이요…?"

뜻밖의 말이었다.

"그래, 타고난 자기 말일세. 그 아이는 순수하고 창조적이며 무엇에도 훼손되지 않은 자유로운 영혼을 지녔지. 그렇게 놀랄 필요 없네. 세상의 모든 아이는 다 그런 모습으로 창조되었으니까. 다만 자라면서 그 빛을 잃고 말았지."

"그러니까 그 빛을 되찾으라는 말씀인가요?"

"그렇다네."

호수의 말은 오히려 청년을 더 미궁 속으로 빠지게 했다.

"제가 어떻게요? 이 나이에 어떻게 그 빛을 회복할 수 있습니까?"

호수는 잠시 지나가는 바람을 제 몸에 품었다가 흐르게 하면서 말했다.

"자기가 되지 못하게 하는 것들을 하나씩 풀어놓게."

"좀 더 쉽게 설명해 주십시오."

청년은 호수에게 다가가 귀를 기울였다.

"그래, 그럼 처음의 질문으로 다시 돌아가지. 아까 성장을 위한 칭찬과 상대를 조종하기 위한 칭찬을 어떻게 구별하냐고 물었지?"

"그랬지요."

"그건 자기 자신이 되게 하느냐, 되지 못하게 하느냐에 따라 다른 걸세."

"자기 자신이 되지 못하게 한다…?"

"그들이 사랑 혹은 관심이라고 하는 것은 자기중심적이고 조건적이지. 진정으로 자네의 성장과 행복에 초점을 맞춘 게 아니라는 얘길세."

청년은 반박할 수 없었다. 지금까지 자기가 의지하고 있던 하나의 세계가 무너지는 것 같았다.

"깨달음은 아프지만, 깨닫지 않으면 미몽이지. 선과 악, 옳은 것과 그른 것을 분별할 수 있어야 하네."

호수는 청년의 눈을 들여다보며 물었다.

"지금까지 자네가 믿고 따른 가치는 어디에서 온 것인가?"

청년은 선뜻 대답할 수 없었다.

"아버지와 교수가 정신적인 버팀목이라고 했나? 그럼, 그들은 어떤 가치관을 지녔나?"

호수는 무슨 말을 하고 싶은 것일까. 청년은 호수의 깊이를 가늠할 수 없었다. 조용한 그 깊이가 두려웠다.

"그들에게 한 번이라도 '아니요'라고 말해 본 적이 있나?"

"그, 그거야…."

청년은 자기에겐 그럴 힘이 없다고 생각했다. 적어도 아직은….

"사람은 누구나 내면의 소리를 가지고 있네. 그 소리는 참된 길로 인도하지. 자네도 분명 그 소리를 들었을 걸세. 다만 그걸 따를 용기가 없었을 뿐이지."

호수는 우물거리는 청년을 아랑곳하지 않고 단호하게 말했다.

"저는 약자에 불과합니다. 제가 무얼 할 수 있었겠어요?"

청년은 불뚝 화가 나 대거리를 했다.

"약자라고 해서 모두 정당한 건 아니지. 자네 역시 교수를 출세의 도구로 생각하지 않았나? 교수에게 쓴소리라도 한마디 한 적이 있나?"

"저 같은 애송이의 말을 교수님이 듣기나 할 것 같아요?"

"그건 자네가 신경 쓸 일이 아니야. 어디까지나 교수가 선택할 문제지. 자넨 자기의 도리를 다하면 되는 것이야."

호수의 말을 듣고 보니 청년은 새삼 부끄러워졌다. 그간 자기의 행동은 살아남기 위한 약자로서 어쩔 수 없는 자구책이라고 생각했다. 그러나 그렇게 해서 꿈을 이룬다 한들, 자기도 지금의 교수와 다를 게 없을 터였다.

"자넨 스스로 생각하고, 행동하는 수고를 하지 않았어. 타인의 가치에 편승하여 쉽게 사는 법을 택했지. 인생에서 아무 위험도, 피해도 감수하고 싶지 않았던 거야."

고개를 숙인 청년의 머리 위로 호수의 일침이 가해졌다. 청년은 깊은 생각에 잠겼다. 그동안 자기를 옥죄고 휘감았던 어두운 에너지가 무엇인지 이제야 조금씩 명확해지는 것 같았다. 호수의 바닥을 응시하던 청년이 고개를 들었다.

"네, 그간 저는 당당하지 못했습니다. 내 삶을 스스로 선택하고 책임지려 하지 않았습니다. 내가 나로 바로 섰다면, 성공에 대한 야망으로 교수님을 등에 업으려 하지 않았겠지요. 어쩌면 교수님께 절대적인 힘을 부여한 건, 나 자신인지도 모르겠습니다. 애초에 을이 없다면 갑도 있을 수 없으니까요. 을이라서 어쩔 수 없는 게 아니라, 을이 깨어나 갑이 되지 못하게 막았어야 했습니다. 을끼리 서로 헐뜯는 게 아니라, 함께 성장할 수 있는 길을 모색해야 했습니다."

호수의 푸른 눈이 청년의 눈 속에서 일렁거렸다.

"놀라운 변화군 그래. 여기서 한 가지 더 짚고 넘어갈 것이 있네."

청년은 긴장하며 호수를 바라보았다. 호수가 바닥 깊이 용틀임을 했다.

"자네는 성공이 무엇이라고 생각하나?"

"…."

"이 질문에 대한 답에 따라 자네가 가는 길이 달라질 걸세."

"성공이란…. 글쎄요, 그동안 생각했던 것과는 다른 답을 하고 싶긴 한데, 그게 뭔지 잘 모르겠습니다."

"그래, 이해하네. 사람들은 보통 눈에 보이는 명예나 권력, 물질적인 부를 성공이라 여기지. 하지만 성공은, 자기를 완성하는 것이네."

"성공은, 자기를 완성하는 것이다…."

청년은 호수의 말을 읊조려 보았다.

"자기를 완성하는 것은, 신이 창조한 본래의 자기로 사는 것이야."

호수가 깊은 음성으로 말했다.

"자기를 완성하는 것은… 본래의 자기로 사는 것이다…."

청년은 물속을 들여다보았다. 자기의 얼굴이 비쳤다. 그곳엔 현대인의 자화상이 피곤한 듯 공허하게 앉아 있었다.

"아! 이제야 뭔가 알 것 같습니다. 그간 내가 누구인지, 어떻게 살아야 하는지 의식조차 없이 살았습니다. 인생의 비밀은 내 안에 있었어요. 내 안의 빛을 되찾는 거였어요!"

청년은 막 잠에서 깬 사람처럼 큰 소리로 말했다.

호수가 빙그레 웃고 있었다. 그제야 청년을 자기 인식의

언덕으로까지 끌고 왔다는 걸 알았다. 청년은 허리를 숙이고 마음을 다해 인사했다. 고개를 들어 보니 호수는 맑고 고요히 흐르고 있었다.

"놀라운 깨달음이군요."

이야기를 끝낸 청년에게 내가 말했다.

"잃어버릴 뻔한 나를 찾게 해 주어 정말 감사할 따름입니다."

청년이 밝게 웃었다.

"다음 숲에서는 아버지와 교수님의 내면과도 대화하는 법을 배우실 거예요."

"그럴 수 있을까요? 거기까진 생각 못 했는데요."

"완전히 악하거나 선한 사람은 없어요. 누구든 총체적인 이해가 필요해요. 비아람 숲은 소통과 교감을 위한 곳이죠."

내 말끝에 추추가 덧붙였다.

"비아람은 신의 놀이터니까."

우리 셋은 그 놀이터에서 노는 아이들처럼 유쾌하게 웃었다.

* * *

다음에 만난 사람은 여대생 J였다. J는 몸을 한껏 숙여 호수를 응시하고 있었다.

"선생님! 제 모습을 이렇게 제대로 보는 건 처음이에요."

"호수에 비친 모습이 어때 보여요?"

J 옆에 추추와 나란히 앉으며, 내가 물었다.

"아직은 저 같지 않아요. 호홋, 너무 예뻐 보여서요."

짧은 머리에 검정 모자를 눌러쓴 J가 처음으로 웃고 있었다.

"저는 일곱 살 이후로 치마를 입어 본 적이 없어요. 머리를 길게 기른 적도 없죠. 여성성이란 건 모조리 던져 버리고 싶었거든요. 세상이 두렵고, 모든 남자가 혐오스러웠어요. 그런데 호수가 지금, 내 안의 뭔가를 변화시킨 것 같아요."

"괜찮다면 어떤 일이 있었는지 들려줄 수 있어요?"

J는 자신의 사연을 서서히 풀어 주었다.

물가에서 멀찍이 떨어져 앉은 J에게 호수가 단도직입적으로 물었다.

"너는 왜 그렇게 자신을 수치스러워하지?"

우물거리는 J에게 호수가 단호하게 다시 물었다.

"네가 죄인이니?"

"…."

"네가 죄인이니?"

"…."

"네가 죄인이니?"

호수는 끈질기게 물었다.

J 속에서 뭔가가 꿈틀대며 올라오기 시작했다. J는 호수를 쏘아보았다.

"아니. 난 죄인이 아니야."

"그럼, 뭐지?"

"난… 그러니까 난…."

"죄인이 아니면 뭐지?"

"난, 나야. 난 그냥 나일 뿐이야."

호수의 다그침에 J는 토악질하듯 말했다.

호수가 J를 부드럽게 바라보았다.

"그래, 넌 세상에서 유일한 너 자신이지. 그런데 무엇이 너를 그렇게 작고 초라하게 만들었지?"

호수는 J의 삶을 물밑에 세세히 펼쳐보고 있었다.

"내가 왜 그런지 다 보고 있잖아요."

호수는 못 들은 척 다시 물었다.

"저 아이에 대해 말해 주겠니?"

하지만 J는 세차게 고개를 돌려 버렸다.

"여기선 아무도 너를 해칠 수 없어. 저 아이조차도. 그러니

안심하렴. 이 모든 건 과거에 이미 지나간 일이야. 지금은 어른인 네가, 기억 속의 아이를 만나는 거야."
J가 고개를 조금 들었다가 숙였다.
"이제 저 아이를 바라볼래?"
J는 주저하며 곁눈질로 물속의 아이를 힐끔거렸다. 순간, 아이와 눈이 마주쳤다. 그 눈은 바로 두려움에 가득 찬, 일곱 살 어린아이의 눈이었다. 아빠가 데리러 오길 날마다 기다리며, 시골 사립문에 기대 울던 어린 J가 거기, 주저앉아 있었다.
"아이가 인형을 안고 있구나. 어떤 인형인지 말해 주겠니?"
J는 아이를 바라보았다. 다시 보니, 자기와는 전혀 상관없는 아이 같기도 했다. J는 마치 남의 이야기를 들려주듯 태연하게 말했다.
"아이는 저 인형을 무척 좋아했어요. 금발에 드레스를 입었는데 눈도 감고 뜰 줄 알아요. 아빠가 처음 사 준 생일선물이었어요. 저 인형과 노는 걸 제일 좋아했어요. 아빠 회사가 부도나서 아이는 시골 외할머니댁에 맡겨졌어요. 인형도 시골로 데려갔어요. 삼촌은 저 아이를 인형처럼 좋아해 주었어요. 머리도 빗겨 주고 예쁜 옷도 입혀 주고 노래도 불러 줬어요. 밤에는 잠들 때까지 동화책도 읽어 줬지요. 어느 날 누군가 인형을 훔쳐 가 버렸어요. 아이는 울고 또 울었어요. 삼촌이 달래 줬어요. 매일 밤 우는 아이를 안아 줬어요. 그런데 자꾸만 아이 몸을 만졌어요. 병원 놀이를 하는 거라며 몸 구석구석을 만졌어요. 삼촌 몸도 만지게 했어요. 어떤 날은 요에 피가 묻었어요. '오늘 밤은 자면 안 돼. 할머니 곁에서 떨어지면 절대 안 돼.' 그러나 아침이 되어 눈을 떠 보면 땀내에 절은 삼촌 품이었어요. 삼촌은 점점 악마로 변해 갔어요. 말을 안 들으면 엄마, 아빠를 못 오게 할 거라며 때리기까지 했어요. 아이는 악마의 제단에 바쳐진 제물 같았어요."

그제야 숨이 막히는지 J가 가슴을 움켜쥐었다.

호수는 물안개를 동그랗게 말아 J의 가슴께로 불어 주었다. J가 큰 숨을 내쉬었다. 다시 안정을 찾고 이야기를 계속했다.

"오랜만에 내려온 엄마한테 울면서 매달렸어요. 엄마는 집에 가고 싶어 거짓말하는 거라며 그냥 가 버렸어요. 몇 달이 지나고 드디어 아빠가 왔지요. 회사가 안정되어 집으로 가자고 했어요. 아빠 등에 매달렸어요. 다신, 다시는 떨어지지 않으려고요. 집으로 돌아가선 밤마다 고열에 시달렸어요. 엄마는 악몽을 꾼 거라 했지요. 나도 그렇게 믿고 싶었어요. 그 후로 이 이야기는 아무에게도 하지 않았어요. 전 정말 저 아일 잊고 싶었어요….”

J가 입술을 깨물었다.

"그렇게 아픈 상처를 안고 살아왔구나."

호수가 부드럽게 위로했다.

"이제 고개를 들고 다시 말해 보렴. 무엇이 너를 작고 초라하게 만들었는지."

"내가 왜 그런지 다 알잖아요?"

J는 원망이 가득한 눈으로 호수를 바라보았다.

"그래, 알지. 하지만 너는 모르는 거 같아서 말이야."

"그러니까 그건, 삼촌…. 그놈 때문이라니까요."

J가 인상을 쓰며 쏘아붙였다.

"그래, 첫째는 그놈 때문이지. 다른 건 없니?"

J는 이맛살을 찌푸렸다.

"그건… 엄마 때문이기도 해요. 그 일을 기억하는 것조차 끔찍스러워했으니까요."

"그래, 둘째는 엄마 때문이지. 다른 건 더 없니?"

J는 오래 생각할 필요도 없었다.

"세상 사람들 때문이죠. 겉으론 위로하는 척하겠지만, 속으론 침을 뱉겠죠."

"그래, 셋째는 타인들 때문이지. 다른 건 더 없니?"

똑같은 질문을 계속하자 J는 호수마저 자기를 놀리는 것 같아 화가 났다.

"지금 뭘 하자는 거죠? 다른 게 뭐가 더 있다는 건가요?"

"아주 중요한 게 있지."

"그게 뭔데요?"

J는 애써 화를 억누르며 물었다.

"바로 너 자신! 스스로 수치스럽게 생각하는 바로 너 때문이지."

J는 더 이상 참지 못하고 와락 대들었다.

"그럼, 그런 일을 당하고도 어떻게 아무렇지 않을 수 있어요? 내 편인 사람이 아무도 없는데 뭘 어떡하라고요? 난, 난 아무것도 할 수 없다고요!"

J의 새된 목소리가 호수 밑바닥까지 날아가 꽂혔다.

누구에게도 꺼낼 수 없는 혼자만의 비밀이어야 했다. 매스컴에서 성폭력 피해 여성들을 보며 남자 친구는 "부끄러운 줄 알아야지. 저런 일을 당한 여자는 다 그럴 만한 이유가 있는 거야. 처신을 똑바로 했어야지"라고 말하곤 했다. 그 후로 J는 남자 친구를 사귄 적이 없다.

'나를 작고 초라하게 만든 게 나 자신이라고?'

J는 억울했다. 하지만 호수는 오히려 더 큰 소리로 말했다.

"네 모습을 봐. 너는 마치 부끄러운 죄인처럼 살고 있어. 네가 가해자니? 네가 방관자니?"

"…."

"네 몸이 더럽혀졌다고? 더럽혀진 게 아니라 다친 거야. 너는 여전히 순전한 너 자신일 뿐이야."

"…."

"당시 고작 일곱 살이었어. 네가 무얼 할 수 있었겠니? 설령 어른이었다 해도 폭력 앞에선 무력해지고 말지."

"…."

"자, 이제 누가 수치스러워야 할까? 그들일까? 너일까?"

그제야 J는 호수의 말에 귀를 기울일 마음이 생겼다.

"그럼… 제가 어떡해야 하는데요?"

"너를 비난하는 사람이 백이든 천이든 무시해 버려야지. 그들의 의식 수준은 아직 그 정도밖에 안 되니."

한 번도 그럴 수 있다고 생각해 본 적이 없었다.

"그들도 언젠가 깨닫는 날이 오겠지. 하지만 숨죽이고 변하기만을 기다릴 순 없어. 세상 밖으로 나가 진실을 알려 줘야지. 눈을 뜨도록 만들어 줘야 해. 바로 네가!"

호수가 물보라를 일으키며 말했다.

J는 가슴이 떨리고 심장이 요동쳤다.

"내가요? 내가… 어떻게요?"

자신이 무얼 할 수 있다는 생각을 감히 해 본 적이 없었다. 그냥 늘 배가 고팠다. 왜 그랬는지는 알 수 없었다. 애들이 돼지라 놀리고, 남자 친구가 이별을 선언해도, 계속 먹고 있는 자신을 발견했다. 먹고 돌아서면 배가 고팠다. 먹고 토하고, 먹고 토하고…. 폭식이 문제라고만 생각했다. 그걸 고치기 위해 비아람 숲에 왔다. 그런데….

"저 아이를 안아 줄 수 있겠니?"

호수가 갑자기 푸른 물기둥으로 치솟아 올랐다. 그 순간 알 수 없는 힘이 J의 내면에서 불일 듯 일어났다. 한 번도 일어서 본 적 없는, 자기 안에 있다고 생각해 본 적도 없는 무언가가.

J는 물이랑을 타고, 천천히 움츠린 아이에게 다가갔다. 발 아래가 젖어 왔다. 아이의 눈을 바라보았다.

"널 마주할 힘이 내게 있는지 아직은 모르겠어. 널 원망한 적이 많았어. 너만 아니면 내 인생이 꼬이지 않았을 텐데…. 제발 내 기억에서 사라져 버리면 좋겠다고 수도 없이 생각했어. 난 정말 네가 밉고 싫었어. 무력하고 바보 같은 널 지워 버리고 싶었어. 내 속에 네가 있다는 게 견딜 수 없었어. 내 피를 다 쏟아서라도 너의 자취를 없애고 싶었어. 하지만 이젠 외면하지 않을게. 부정하지 않을게. 그동안 널 모른 척해서 미안해. 널 잊는 게 내가 사는 길이라 생각했어. 그런데 난 더 망가지고 말았어. 이젠 그 끝이 어디든 너와 함께 갈게."
아이가 비로소 고개를 들었다. 눈물이 그렁그렁한 눈으로. J는 자기 몸을 바라보았다. 그동안 혐오하고 학대했던, 무가치하게만 보이던 몸이 처음으로 소중하게 느껴졌다.

나는 J가 너무도 대견해 보였다.
"그래요. 당신을 상처 입힌 사람들이 죄책감을 느껴야지요. 일곱 살 어린애를 마음의 감옥에서 살게 한 그들이 용서를 빌어야지요. 그들을 단죄할 권리도, 용서할 권한도 오직 당신에게 있어요. 이 땅에 사는 모든 사람은, 당신의 아픔을 위로하고 함께할 책임이 있어요. 그 아이를 지켜 주지 못해 정말 미안해요."
J의 눈에서 뜨거운 눈물이 흘러내렸다.
"그래요, 울어도 돼요. 마음껏 울어도 돼요."
J의 이야기를 가만히 듣고만 있던 추추가 내 뒤를 따라오며 말했다.

"두 번째 악의 씨앗을 찾은 것 같아."

"그게 뭔데?"

추추는 첫 번째 악의 씨앗을 '하나의 독한 말'이라고 했었다.

"신의 최고의 기쁨인 사람이 어떻게 그럴 수 있어?"

추추는 J가 당한 폭력을 직접 겪은 것처럼 몸을 떨었다.

"두 번째 악의 씨앗은 '하나의 폭력적인 행동'이야."

"그래, 타인의 고통 따위는 생각지도 않는 사람들이 있지. 폭력은 한 사람을 영원히 어둠 속에 가둘 수도 있으니, 악의 씨앗이라 할 만하구나."

나는 추추와 손을 잡고, 아무 욕심이 없는 나무들 사이를 오래 걸어 다녔다. 나무들처럼 서로 상처 주지 않는 세상이 되길 바라면서….

* * *

중년 남자가 호숫가에 조용히 앉아 있었다. 호수는 물아래 풍경이 다 보일 정도로 맑게 흐르고 있었다. 추추와 나도 호수를 보며 나란히 앉았다.

"저 눈 속에서 무얼 보았어?"

추추가 그에게 물었다.

"나를 보았지."

그는 희미하게 웃으며 대답했다.

"어떤 나?"

"한 번도 보지 못했던 진짜 내 얼굴."

이어 그는 호수와의 만남을 들뜬 목소리로 들려주었다.

호수가 큰 품을 열고 그를 반겼다.

"어서 오게. 많이 힘들어 보이는군."

"솔직히 어디서부터 문제를 풀어야 할지 모르겠습니다."

그는 마른 낙엽들이 쌓인 언저리에 앉아 호수를 바라보았다.

"그럼, 우리 본격적으로 이야기해 봄세."

호수는 푸른 몸을 몇 바탕 뒤척인 후, 물밑 돌들 위에 그의 삶을 펼쳐 놓았다.

"그간 아내 때문에 상당히 고통을 받았군 그래."

호수가 이미 다 알고 있는 터라, 구구한 설명을 할 필요가 없어 마음이 놓였다.

"자네는 아내를 진실로 사랑한 적이 있나?"

돌연 호수가 물었다.

처음부터 말문이 막혔다. 사랑이라니? 호수가 말하는 사랑은 왠지 세상에서 떠들어 대는 것과는 사뭇 다른 느낌이 들었다. 무언가 더 맑고 깊은 어떤 것…. 그런 걸 내가 느껴 보기라도 했었나? 그는 마음이 무거웠다.

"잘 모르겠습니다."

"그럼, 사랑은 어떤 것이라고 생각하나?"

"잘해 주고 아껴 주고 뭐, 그런 걸 테지요."

그는 짜증을 억누르며 얼버무렸다.

"사랑을 하려면 사랑할 수 있는 능력이 있어야 하네."

호수는 물둘레를 잔잔하게 매만지며 말했다.

"어디서든 능력 타령이군요. 사랑에도 능력이 필요하다면 그게 어디 사랑입니까?"

능력이라는 단어에 그는 발끈하며 목청을 높였다.

호수는 물밑에 펼쳐진 그의 삶을 유심히 살피며 말길을 돌렸다.

"자네는 자신의 처지가 불우하고 예전만 못해서 아내가 떠났다고 생각하는군. 과연 그럴까?"

"그렇지 않다면 그런 짓을 할 리가 없지요."

"어떤 근거로 그렇게 확신하나?"

그는 답답한 듯 한숨을 토했다.

"결혼 초엔 나만 아는 여자였습니다. 그렇게 착할 수가 없었어요. 그런데 내가 장애인이 된 뒤부터 태도가 아주 달라졌지요. 확실해요! 고아에 가진 것 없고 몸까지 망가진 날 대놓고 무시한 거지 뭡니까. 급기야 안 하던 치장까지 하고, 걸핏하면 밤늦게 들어오질 않나…."

호수는 푸른 손가락으로 가장 밑바닥에 깔린 회색 돌 하나를 뒤집었다.

"이것에 대해 말해 보겠나?"

물속엔 작은 돌멩이를 오른손에 불끈 쥔 남자아이가 보인다.

아이 주위에 큰집 사촌들이 빙 둘러서서 놀려댄다.

"우리 집에서 나가! 너네 부모가 널 버렸다며? 거지 같아."

아이가 돌멩이를 쳐든다.

"아니야! 돈 벌러 간 거야. 금방 온다고 했어. 나 버린 거 아냐!"

큰어머니가 대문 밖으로 나온다. 눈을 흘기며 아이의 머리를 쥐어박는다.

"어디 어린 게 벌써부터 싸움질이야? 지 애비 닮아서는. 얘랑 놀지 마라, 물든다."

그러고는 사촌들만 데리고 집으로 들어가 버린다.

"실은 엄마가 가방을 들고 대문을 나간 그날 밤, 난 다 봤어요. 맨발로 대문가에 서서 엄마 뒷모습만 바라봤어요. 엄마는 뒤돌아보지도 않고 쏜살같이 골목을 빠져나가 버렸지요."

그는 그때의 아홉 살 소년처럼 슬픈 얼굴로 말했다.

"내가 가장 부러운 아이가 누구였는지 알아요? 맘 놓고 울 수 있는 아이…. 울면 안아 줄 엄마가 있는 아이…."

호수는 물안개를 피워 그를 감쌌다.

"부모 품이 많이 그리웠겠구나. 아내를 만났을 때, 그 그리움이 채워지는 느낌이었나?"

"…."

"아내가 자네의 전부였나?"

"…."

"언제나 곁을 떠나지 않을 단 한 사람이 필요했나?"

그는 이런 대화 자체를 피하고 싶었다.

"지금 와서 그런 게 무슨 소용이 있습니까."

"아내와의 관계에서 자네는 무엇이 문제였다고 생각하나?"

호수는 그의 눈앞까지 바짝 다가왔다.

"제 문제가 아니라, 아내 때문이라니까요!"

"물밑을 더 들여다보게. 자네가 살아온 모든 삶을 이어서 바라봐. 자네는 그간 자기중심적으로만 생각했지. 이젠 그 좁은 틀을 벗어던지게."

그는 할 수 없이 물밑 돌을 차례로 바라보았다. 그것들은 호수의 말대로 하나의 흐름으로 연결되어 있었다. 그동안 혼란스럽고 이해할 수 없었던 마음을 어쩌면 깨닫게 될지도 모른다는 생각에, 물밑을 깊이 들여다보았다.

그립고 그리운 할머니의 얼굴이 먼저 떠올랐다. 그에겐 할머니가 세상 전부였다. 시장에서 나물을 팔던 할머니는 새벽에 나갔다가 밤늦게 돌아왔다. 어린 그가 가장 두려웠던 건, 할머니마저 돌아오지 않는 것이었다.

해 저물어 아이들은 엄마가 부르는 소리에 제집으로 다 들어가 버리고, 불 꺼진 집에 혼자 있지 못해 동네 어귀에서 할머니가 올 때까지 기다렸다. 그 시간이 너무도 길게 느껴졌다. 나이가 들어도 그는 어둠이 몰려오는 저녁 무렵이 싫었다. 그런데 그런 할머니가 돌아가시자 더 살아야 할 이유가 없었다.

그가 숨을 훅 들이켰다. 물속에 젊은 아내의 얼굴이 비쳤다. 무작정 떠난 여행지에서 할머니를 꼭 닮은 아내를 만났을 때, 그는 다시 가슴이 뛰었다. 살 의욕이 생겼다. 그녀에게 사랑받고 싶었고, 그녀만을 사랑하고 싶었다.

가족! 그 울타리는 신성한 종교와도 같았다. 절대적으로 지키고 싶은. 그런 욕구가 너무 강해 아내의 일거수일투족을 통제하려 들었는지도 모른다. 가끔씩 불안했다. 이 행복이 깨져 버리면 어쩌나 하고. 불안은 현실로 이어졌다. 교통사고가 나고…. 가장으로서의 힘이 무너지고…. 아내가 변하는 것처럼 느껴지고….

진짜로 아내가 그를 버렸다는 확신이 들었을 때, 미칠 것만 같았다. 폭력을 쓰기도 했지만 그건 오히려 자신을 향한 절규였다. 아내에 대한 사랑은 분노로, 세상에 대한 기대는 두려움으로 변했다. 영혼 깊숙이 숨어 있던 열등감과 외로움이 고개를 들기 시작했다. 그는 다시 외톨이가 돼 버린 것이다.

호수는 물안개로 그의 어깨를 감싸 주었다.

"이제 자네의 마음이 좀 보이나?"

"그러니까… 내 허기진 마음 때문에 아내의 사랑을 갈구하게 되었고, 결국 의심과 집착을 불러오게 되었군요. 그러다가 아내를 잡을 수도, 놓을 수도 없는 애증의 피에로가 돼 버린 거로군요."

그는 처음으로 자기의 문제를 인식하게 되었다.

"이제부터 시작일세. 나는 자네와 아내의 잘잘못을 따지려는 게 아니야. 그런 건 부질없네. 중요한 건 관계의 본질을 보라는 거야."

호수가 부드럽게 말했다.

"관계의 본질이요?"

"사람들은 사랑이란 감정이 오래가지 못한다고 하지. 변한다고 말이야. 마음이 변해서 관계가 멀어지고 가정이 깨어지는 거라고. 하지만 진짜 사랑은 세월이 갈수록 더 깊어지는 법이라네."

"진짜 사랑이요? 그건 대체 어떤 겁니까?"

"그보다 먼저 알아야 할 중요한 게 있네. 자신을 사랑하지 못하면 자기 앞의 한 사람을 사랑하지 못하고, 한 사람을 사랑하지 못하면 누구도 진실로 사랑할 수 없다는 거야."

이어 호수가 물었다.

"자네는 자기 자신을 사랑하나?"

그는 자신을 사랑하는 게 어떤 건지, 어떻게 해야 하는 건지 그런 생각조차 못 하고 숨 가쁘게 살아왔다.

"글쎄요…. 잘 모르겠습니다. 자기를 사랑한다는 건 어떤 겁니까?"

그가 쓸쓸하게 물었다.

"누군가에게 버림받았다 해도, 자신은 변함없이 소중하고 가치 있는 존재라는 걸 믿는 거지. 잘못된 행동은 인정하며, 자기 성장을 위해 용기를 갖는 것이야."

호수는 물밑 수초들을 부드럽게 쓸어 올리며 말했다.

"나를 사랑하면서 동시에 성장을 위해 노력하라는 말씀인가요? 그런데 그 방법을 모르겠습니다."

"자네 자신의 상처를 먼저 치유하게. 그러면 사랑이 보일걸세. 그게 시작이야."

"상처를 치유한다…. 어떻게요?"

그는 이 선문답의 끝이 어디일지 슬슬 궁금해지기 시작했다.

"깨달음일세. 자신의 상처가 어디서 왔는지, 그 상처가 인간관계에 어떤 영향을 주는지, 자기의 책임은 없는지 깨닫게 되면 더는 상대방 탓을 하지 않게 되네. 그때야 자네 앞에 있는 한 사람의 상처도 보일 걸세."

호수는 물속에서 유유히 노니는 물고기들을 바라보며 말했다.

"진짜 사랑을 하고 싶나? 상대를 변화시키려 하지 말고, 존재 자체를 그냥 바라보게. 의심과 집착 대신 아내의 결점과 상처를 끌어안게."

"아내가 아니라, 나를 바꾸라는 말인가요?"

"그렇다네. 자네 속에 들끓고 있는 불신과 열등감, 분노, 두려움 들을 잠재울 수 있는 사람은 자네 자신뿐이니까. 마음이 여유로울수록 상대를 품을 수 있지."

"휴, 그건 수행하는 사람들이나 가능할 것 같은데요?"

"수행은 누구나 할 수 있네. 자네 안의 웃음을, 사랑을 일깨우게."

"그럼, 궁극적으로 어디까지 가야 하는 겁니까?"

그도 이제 진중하게 물었다.

"온전한 자기가 되어야 하네. 열등감이나 우월감이 없는, 본래 그대로의 자기 말일세."

호수가 깊은 음성으로 말했다.

"나 자신을 치유하면 사랑이 회복되고, 사랑을 회복하면 온전한 자기가 된다…. 이것이 관계의 본질이라는 건가요?"

"그렇다네. 건강한 자기를 회복하는 게 모든 것의 시작이네. 그래야 결혼생활도, 인간관계도 제대로 할 수 있지."

그는 끝으로 자기 안에서 끊임없이 싸우고 있는 문제를 꺼내 놓았다.

"그럼 저는 아내를 용서해야 합니까? 헤어져야 합니까?"

"그건 누구도 관여할 수 없는 문제일세. 중요한 건 성장하기 위해 두 사람이 함께 노력하는 것이야. 성장하지 않는 한 계속 관계를 망치고 말 테니까. 이별 또한 실패는 아닐세. 이별의 시간이 서로를 성숙시킬 수도 있다네. 단, 만남이 아름답듯 헤어짐도 아름다워야 하네. 만남도 이별도 삶의 한 과정임을 받아들이게나."
"저도 과연 온전해질 수 있을까요?"
"길은 찾는 자에게 열리는 법이지. 가다가 힘들면 나를 찾아오게. 나는 항상 여기서 자넬 기다리고 있을 테니."
호수가 들려준 모든 말은 그의 가슴속에서 깊은 울림으로 메아리쳤다.

"호수 덕분에 모든 건 나로부터 시작된다는 걸 알았습니다. 문제도, 해결도…. 미움도, 사랑도…. 언젠가는 저도 호수처럼 맑게 흐르고 싶습니다."
이야기를 끝낸 중년 남자가 말했다.
그의 눈빛이 이미 호수를 닮아 보이는 건 나의 착각일까.
"결국 사랑 때문이야. 모두가 사랑받고 싶어서 속으로 울고 있는 거야."
추추가 걸으며 혼잣말했다.
"그래, 추추. 수많은 갈등과 상처 이면에는 사랑의 갈증이 도

사리고 있지."

추추는 고개를 끄덕이다가 물었다.

"그런데 사람들은 왜 자기의 마음을 모르지?"

"알려고 하지 않으니까."

"왜 알려고 하지 않아?"

"그게 중요하다는 걸 모르니까."

"아하! 그래서 신은 마음 깊숙이 맑은 샘을 만드셨구나. 애써서 찾는 이에게 힘을 주시려고."

하루의 해가 저물고 있었다.

이제 쉼터로 돌아갈 시간이 되었다. 노인은 가장 늦게 호숫가에서 걸어 나왔다. 긴 얘기를 나누진 못했지만, 미소 띤 얼굴을 보니 역시 좋은 시간을 보낸 것 같았다. 모두가 소중한 무언가를 가슴에 안은 표정으로 생각의 숲을 나섰다. 우리는 저녁 식탁이 기다리고 있는 쉼터로 향했다. 따뜻한 불빛이 우리를 반겼다.

***

새벽녘에야 돌아온 추추는 쓰러질 것처럼 얼굴이 창백했다.

"오늘 어딜 갔다 온 거니? 뭘 보고 온 거야?"

추추를 부축해 침대로 데려갔다. 나를 올려다보는 추추의 눈에 두려움이 가득했다.

"사람이… 사람을 죽이려고 했어."

"뭐? 그걸 네가 직접 봤단 말이야?"

어린 천사가 그런 끔찍한 장면을 보고 얼마나 큰 충격을 받았을까. 물을 마시게 하고 천천히 가슴을 쓸어 주었다. 추추는 심호흡을 한 뒤, 오늘 있었던 일을 들려주었다.

"큰 도시가 보고 싶어 멀리 날아갔는데…."

도시의 휘황한 밤 풍경이 추추의 눈을 사로잡았다. 신나는 음악과 거리를 꽉 메운 인파에 즐거워 추추도 덩달아 춤을 추며 날아다녔다. 그런데 어디선가 사이렌 소리와 사람들의 비명이 삽시간에 도시를 얼어붙게 했다. 추추는 소리 나는 쪽으로 곧장 날아갔다.

신호등 옆에서 젊은 남자가 칼을 들고 주위 사람들을 위협하고 있었다. 이미 한 여자는 길가에 쓰러져 있었고, 몇은 피를 흘리며 신음하고 있었다. 추추가 여자를 향해 황급히 날아갔지만, 의식을 잃은 상태였다.

현장은 빠르게 수습되어 갔다. 구급차는 여자와 다친 사람들을 나누어 싣고 갔고, 경찰관은 사내를 체포해 차에 태웠다. 도대체 이 사건이 어떻게 된 건지 알아야 했다. 추추는 경찰차를 따라갔다.

경찰서 안에서 사내는 제정신이 아닌 것처럼 보였다. 왜 사람들을 해쳤는지, 그 여자와는 무슨 관계인지 묻는 경찰관의 질문에 횡설수설하기만 했다. 일단 사내는 철창 방에 가둬졌다. 추추는 사내에 대해 알고 싶었다. 철창 안에는 사내 혼자였다. 추추가 갑자기 나타나자 사내는 소스라치게 놀랐다.

"누, 누구야?"

"난 천사 추추야. 네 눈에만 보여."

사내는 두려워하며 슬금슬금 구석으로 몸을 피했다.

"난 다 알아."

추추가 말했다.

"뭐, 뭘 말이야?"

사내가 떠듬거렸다.

"사람을 죽이려고 했잖아. 왜 그랬어?"

"그, 그 여자가 날 비웃었어. 주, 죽이려고 한 게 아니야. 정말이야."

"그럼, 칼은 왜 갖고 다녀?"

"날 보호하려고."

"보호? 누구로부터 보호하는 건데?"

"사람들이 날 못생겼다고, 키 작은 백수라고 수군거리잖아."

"오늘도 그랬어?"

"모두가 날 쳐다보며 그랬어. 그 여자가 제일 심했어. 예전 여자 친구처럼 비웃었다니까. 정말이야."

"예전 여자 친구?"

"…."

"왜 헤어졌는데?"

"그야 내가 못 나서 그렇지."

"늘 자신을 그렇게 생각하는 거야?"

"그게 사실이니까."

"사람들이 다 너를 그렇게 생각한다고 믿어?"

"그게 사실이라니까."

"그럼, 사실인지 아닌지 확인해 볼까? 자, 내 날개를 잡아."
추추는 사람의 마음을 볼 수 있는 특별한 능력을 잠시 그 사내에게 허락했다.

오늘 변을 당한 사람들은 의식을 잃은 젊은 여자와 나이 든 아주머니, 아저씨, 고등학생, 이렇게 네 명이었다. 추추는 사건이 있기 전 상황으로 돌아가, 사내가 그들의 생각을 직접 알 수 있도록 해 주었다.

네 사람은 모두 사내가 서 있는 맞은편 도로에서 신호등이 바뀌기를 기다리며 서 있었다. 젊은 여성은 사실 이 사내를 본 게 아니었다. 사내 뒤에 서 있는 자기의 남자 친구를 보며, 얼굴을 한껏 찡그리고 있었다. '어휴, 약속 시간에 항상 늦는다니까. 빨리 좀 오지'라는 생각을 하며…. 나이 든 아주머니는 사내를 물끄러미 바라보기는 했지만, 자기 아들을 걱정하고 있었다. '내 아들과 많이 닮았네. 오늘도 야근이라는데 직장에 잘 적응할지 걱정이네' 하는 마음이었다. 중년 아저씨의 시선도 사내를 향하고는 있었지만 실은 아무것도 보고 있지 않았다. 그냥 피곤해서 붉은 신호등이 빨리 바뀌기를 기다렸을 뿐이다. 그 옆에 서 있던 고등학생은 사내를 보며 '저 남자가 입은 셔츠 디자인이 멋진걸. 어디서 샀을까?'라고 생각하고 있었다.

"어때? 그들이 정말 널 비난하며 수군거렸니?"
사내는 충격을 받은 듯, 머리를 두 손으로 감싸고 울부짖었다.
"아니야, 아니야. 저건 거짓이야. 날 속이려는 거야."

"저게 진실이야."

추추가 단호하게 말했다.

사내는 윽, 윽 소리를 지르며 자기의 머리칼을 쥐어뜯었다. 추추는 사내에게 죗값을 다 치른 뒤 비아람 숲으로 오라고 말하고는 조용히 철창 방을 나섰다.

"오늘 세 번째 악의 씨앗을 발견했어."

이야기를 마친 추추가 떨리는 눈빛으로 말했다.

"그게 뭔데?"

"하나의 그릇된 생각."

"그릇된 생각?"

"응. 생각 하나를 잘못하면 사람을 죽일 수도 있어. 너무 무서운 일이야."

"그래, 생각은 정말 중요하지. 사람을 어느 쪽으로든 움직이게 하니까."

추추는 어둠과 빛이 교차하는 어슴푸레한 창밖을 바라보며 한참 아무 말이 없었다.

"무슨 생각을 하는 거니?"

"시간을 생각했어. 태초부터 흘러온 시간, 앞으로 다가올 시간…. 사람들은 마지막 날이 두렵지 않은 건가?"

추추가 낮은 소리로 말했다.

"그래도 희망은 있을 거야. 분명 어딘가 길은 있을 거야…."

추추는 그늘진 눈을 지그시 감았다. 그러고는 혼잣말처럼 중얼거렸다.

천사의 생각이 어디로 향하고 있는지, 나는 그때 짐작하지도 못했다.

세 번째

교감의 숲
진심으로 연결되는 관계

길가 잡목들은 겨우내 움츠렸던 몸을 열고 연둣빛 새순을 피워 올리고 있었다. 바람 속에도 풋풋한 봄 내음이 묻어났다. 일행은 서로 친숙해진 듯 비탈길에서 손도 잡아 주고, 속 이야기도 나누며 긴 오솔길을 함께 올랐다. 여느 때처럼 돌비들을 차례로 지나 세 번째 숲 앞에 이르렀다. 숲지기 돌비는 오랜만에 햇살을 받으며 말쑥한 얼굴로 서 있었다. 이번엔 가슴에 어떤 형상을 품고 있을까. 모두 궁금한 마음에 돌비 앞쪽으로 재게 걸어갔다. 거기엔 사람의 귀 두 개가 섬세하게 맞대어져 있었는데 금방 피어오를 꽃 같기도 하고, 하늘로 날아오를 나비 같기도 했다. 묘한 분위기의 그림을 보며 일행은 고개를 갸우뚱했다. 그 아래엔 네 글자가 단아하게 새겨져 있었다.

'교감의 숲.'

"여러분! 오늘은 교감의 숲을 여행할 것입니다. 교감이란 서로 접촉하여 깊이 느끼는 것이지요. 이 숲속엔 '교감나무'라는 특별한 나무가 있습니다. 그 속에서 나와 너의 본질과 교감하는 참 만남의 기쁨을 누리시기 바랍니다."

나는 사람들을 향해 말했다.

일행은 처음 들어 보는 말에 어리둥절한 표정을 지으며, 교감의 숲으로 들어갔다. 그들 앞엔 거대한 나무들이 품을 열고 기다리고 있었다. 아래쪽 둥치엔 사람이 들어가 앉을 수 있는 공간이 둥그렇게 파여 있었다. 의자 같기도 하고, 요람 같기도 한 그 공간을 만지고 들여다보며 사람들은 신기해했다.

"누군가를 이해하고 싶다면, 교감나무 속에서 그 사람을 조용히 떠올려 보십시오. 나를 잊고, 온전히 그 사람이 되어 보세요. 그가 살아온 삶 속으로 들어가 그의 생각과 마음을 느껴 보세요. 그러면 말을 하기 시작할 겁니다. 왜 그렇게 살아왔는지, 그때 왜 그런 행동을 했는지…. 그러면 그 사람을 가슴으로 알게 될 거예요. 여러분 자신과도 그렇게 만나 보십시오."

내 말이 끝나자 추추가 제일 먼저 교감나무 속으로 들어가 앉았다.

"우와! 여긴 정말 아늑해."

추추의 말을 듣고, 일행도 흩어져 교감나무 속으로 들어가기 시작했다.

***

나의 마음, 너의 마음, 나와 너 사이의 마음.
그것을 아는 것은 세상의 전부를 아는 것과 같다.

***

노인이 교감나무를 쓰다듬고 있었다.
"교감의 숲은 어떠셨어요?"
노인은 나를 보며 활짝 웃었다.
"내 생전에 이런 경험을 하다니…. 정말 놀랍구려."
"뭔가 아주 감동적인 얘기를 들려주실 것 같은데요?"
나는 노인과 교감나무에 기대앉았다.
"이 숲에 오기 전까지 나는 그저 쓸모없는 늙은이라고 생각했지요. 자식한테 얹혀사는 꼴이 너무 한심하게 느껴졌소. 솔직히 자식에 대한 원망도 한가득했다오. 저를 어떻게 키웠는데 이리 나를 홀대하다니, 하고 괘씸한 마음도 컸지요."

"근데 어떤 마음의 변화가 있었나 봐요?"

"그래요. 난 그간 부끄럽지 않게 살아왔다고 자부해 온 사람인데, 나야말로 허물투성이라는 걸 알게 되었다오."

노인은 교감나무에서 겪은 이야기를 찬찬히 들려주었다.

교감나무 속에 들어간 노인은 한동안 나무의 품을 가만히 음미해 보았다. 어머니의 품 같기도 하고, 아내의 품 같기도 했다. 얼마나 이 느낌이 그리웠던가. 이 안에서 그냥 영원히 잠들고 싶었다. 그런다고 해서 아쉬울 것도, 미련이 남을 것도 없었다. 그때 교감나무가 노인을 불렀다.

"이보게, 왜 그리 쓸쓸히 앉아 있나?"

"그럼 내가 뭘 하겠나? 아무것도 의미가 없네."

노인은 축 처진 목소리로 대답했다.

"나를 보게나. 난 천 년을 넘게 살아왔네. 나도 언젠가 흙으로 돌아갈 테지. 내가 여기서 깨달은 게 하나 있네. 중요한 건, 얼마나 오래 사느냐가 아니라, 단 하루라도 어떻게 사느냐 하는 걸세."

교감나무의 목소리는 태곳적 대지의 숨결처럼 낮고 굵었

다. 노인은 교감나무의 말에 쉬이 공감하기가 어려웠다.

"자넨 깨닫지 못한 수십 년의 세월과, 깨달은 후의 완전한 하루 중 어느 것을 택하겠나?"

교감나무가 다시 물었다.

"완전한 하루라고? 그런 날이 있기는 한가?"

자신이 더 깨달아야 할 게 남아 있는지, 완전한 하루란 어떤 날을 의미하는지 알 수 없어 노인은 되물었다.

"있고말고."

교감나무는 자신 있게 대답했다.

"그럼 나도 완전한 하루를 살 수 있단 말인가?"

노인이 반색하며 묻자, 교감나무 역시 시원하게 대답했다.

"당연하지."

"그럼 내가 뭘 하면 되나?"

조급하게 묻는 노인에게 교감나무가 천천히 말했다.

"그동안 풀지 못한 관계의 매듭부터 생각하게."

"관계의 매듭이라니?"

"살아오며 가슴에 맺혀 있는 사람이 있지 않나? 그 사람과 응어리진 문제부터 풀게."

노인은 지금까지 만났던 많은 사람을 떠올려 보았다. 상처를 주기도 하고, 받기도 한 인연들이 스쳐 지나갔다. 이미

이 세상 사람이 아닌 이도 있었고, 얼굴이 가물거리는 이도 있었다. 그중에서도 아들 희성이는 가장 가슴 깊이 옹이로 박혀 있었다.

"아들이 생각나네. 이제 어떡해야 하나?"

"자, 먼저 눈을 감게. 이제부터 자신을 내려놓고, 아들이 되어 보는 거야. 분노나 원망, 기대, 서운함…. 모든 감정을 다 내려놓고, 오직 아들을 이해하고 싶다는 마음을 가져야 하네."

노인은 눈을 감고 심호흡했다.

"자, 어린 아들의 모습부터 떠올려 보게. 그 아이는 어디서 무얼 하고 있나? 아이는 웃고 있나, 울고 있나? 아버지에게 무슨 말을 하고 있나?"

교감나무는 그윽한 향기로 노인을 감싸 주었다.

"더 깊이, 더 온전히, 차츰 성장하는 아들의 내면으로 들어가 보게. 무슨 일이 일어나고 있나? 아들의 고민은 무엇인가? 아들은 어떤 꿈을 꾸고 있나?"

시간이 흐르고… 노인의 눈꺼풀이 흔들리는 걸 보며, 교감나무는 나직하게 말했다.

"더 깊이, 더 온전히, 이십 대, 삼십 대, 사십 대의 아들 속으로 들어가 보게. 학교에서, 직장에서, 집에서 아들은 어떤 표정을 짓고 있나? 아들의 꿈은 이루어졌나? 아들의 마음은 어떤가?"

시간이 흐르고… 노인의 눈꺼풀이 다시 흔들리는 걸 보며, 교감나무는 조용히 말했다.

노인은 교감나무가 가르쳐 준 대로 자기를 내려놓고 아들이 되어 보았다. 어린아이에서 청소년기를 지나, 대학을 가고 취업한 뒤, 결혼하고 아이를 낳아 한 집안의 가장이 되기까지 아들의 전 생애를 대신 살아 보았다. 아들의 눈으로 세상을 보고, 아들의 몸으로 인생을 겪어 보았다. 아들의 걸음을 직접 걸어 보고, 아들의 생각과 감정을 느껴 보았다. 그제야 노인은, 그간 흘려들었던 아들의 말과, 대수롭지 않게 여겼던 아들의 행동이 다 의미가 있고, 자기에게 보내는 마음의 신호였음을 깨닫게 되었다.

"아버지, 난 친구를 때리지 않았어요. 말렸을 뿐이에요. 왜 내 말은 믿지 않는 거예요?"

"아버지는 지적만 하죠. 한 번이라도 날 그냥 그대로 봐준 적 있어요? 숨이 막혀요."

"난 여행가가 되고 싶어요. 아무 데도 얽매이지 않고 머리 둘 곳 없이 살고 싶어요."

"돈이면 다 되는 세상이죠. 돈을 버는 일이라면 뭐든 할 겁니다. 난 성공하고 말겠어요."
"이젠 지쳤어요. 다 내려놓고 싶어요. 사는 게 너무 힘들어요."

아들이 울고 있었다. 노인은 아들을, 아들의 본모습을 처음으로 본 것 같았다. 지금껏 아들이 자기를 버렸다고 생각했다. 늙은 아비를 버린 불효자라고만 생각했다. 그러나 아들도 외로웠다는 걸, 힘들고 삶이 버거웠다는 걸 처음으로 알게 되었다. 어린 아들이 바란 건, 그저 아버지의 따뜻한 품이었다는 걸 왜 진작 몰랐을까.
"아들아, 이 아비는 너에게 모든 걸 주고 싶었다. 좋은 건 모두 너에게 주고 싶었어. 그런데 네가 원한 건 그런 게 아니었단 말이냐? 나는 대체 너의 무엇을 보고 있었던 것이냐?"
"이제 아들을 만나 보게. 하고 싶은 말을 직접 해 봐."
자책하는 노인에게 교감나무가 넌지시 말했다.
"그게 가능하려나?"
"눈을 감고 아들을 이곳으로 초청하게."
노인은 자기가 낳고 기른 자식이지만, 언제부턴가 아들의 이름을 부르는 것조차 힘겨웠다. 망설이고 망설이다가,

남 같기만 한, 마흔을 훌쩍 넘긴 아들의 이름을 조용히 불렀다.

"희성아!"
꿈처럼 아들이 눈앞에 나타났다. 한집에 살면서도 이리 가깝게 마주 앉아 본 적이 없었다.
'녀석도 벌써 흰머리가 많이 늘었구나.'
노인은 새삼 젊은 날의 자기를 많이 닮았다는 생각이 들었다.
"아들아, 세상살이가 마음대로 되지 않지?"
아들은 아버지를 쳐다보지도 않고 대답했다.
"저만 그런가요 뭐, 다 그렇지요."
아들에게 기껏 다가가려 했지만, 퉁명한 반응에 다시 마음이 굳어 버리는 것 같았다.
"너는 매사가 왜 그 모양이냐. 내가 이리 노력하면 너도 좀 알아줘야 하는 거 아니냐."
노인의 쓴소리에 아들도 지지 않고 맞받아쳤다.
"아버지는 언제나 싸울 태세지요. 말을 하지 않아도 표정에서 다 알 수 있어요. 제가 어릴 때부터 아버지는 화가 나면 입을 굳게 다무셨어요. 그나마 엄마가 우리 사이의 유일한 창구였는데…. 이젠 정말 힘이 듭니다."
아들은 외로 틀고 앉아 버렸다.

"이보게, 사람들은 말할 때 겉과 속이 다를 때가 많더군. 내가 대화의 비밀을 하나 알려 주겠네. 겉으로 표현된 말과 행동을 보지 말고, 그 속에 숨은 감정과 바람에 귀를 기울이게. 아들은 지금 어떤 느낌이고, 무엇을 원하는지. 자네의 마음을 아는 것도 중요하네. 서로의 마음 바닥에 귀를 기울이며 대화하게나."
교감나무가 노인의 귀에 대고 속삭였다.
"진짜 속마음을 찾으라는 건가?"
노인이 물었다.
"그렇다네. 누구나 마음속엔 따뜻한 강이 흐르지. 거기에 닿도록 하게. 그 강으로 가는 방법은, 비난이나 회피 대신 원하는 걸 솔직히 말하는 걸세."
노인은 교감나무가 일러 준 대로 눈을 감고, 자기의 마음부터 깊이 느껴 보려고 했다. 한참 후 노인은 아들에게 차분히 말했다.

"나는 너와 이제라도 관계를 회복하고 싶구나. 죽기 전에

단 하루라도 너와 웃으며 지내고 싶어."

이 말을 하고 나서 노인은 자신도 깜짝 놀랐다. 섭섭함이나 원망의 감정만 있을 줄 알았는데, 자기가 진짜 원한 건 아들과의 화해였다는 걸 이제야 알게 되었다.

"그런 게 이제 와서 무슨 의미가 있나요?"

아들은 여전히 냉담했다.

화가 다시 올라오려고 했지만 노인은 자신의 감정을 솔직히 표현하는 동시에, 아들의 냉담함 뒤에 숨은 아픔까지 들으려고 애썼다.

"그렇게 말하니 가슴이 아프구나. 엄마가 없어서 나와 더 서먹하다는 건 알고 있었다만, 네가 그리 힘들어하는 줄은 몰랐다. 어릴 때부터 아비가 다정다감하지 않아서 많이 힘들었지? 너를 바르게 키우려고 한 게 그만 너무 엄하게만 대한 것 같구나. 너를 그냥 안아 줬어야 했는데…. 너를 믿고 응원해 줬어야 했는데…. 내 중심적으로만 생각해서 미안하다."

그제야 아들은 수십 년간 눌러 왔던 설움을 쏟아 내기 시작했다.

"아버지는 저를 사랑스럽게 바라봐 준 적이 없어요. '네 멋대로 할 거면 이 집에서 나가!' 그런 말을 들을 때마다 정말 죽고 싶었습니다. 너무도 모자라고 쓸모없는 자식 같았으니까요."

마음으로 들으니 마음이 보였다. 노인은 가슴이 아파 목이 메었다.

"내 진심은 그게 아니었는데…. 어리석게도 네게 상처 주는 말만 했구나. 내가 아버지답지 못했다. 부모의 도리를 다하지 못했어."

아들이 천천히 고개를 들어 아버지를 바라보았다.

"실은 아버지가 모든 것을 주시려고 했다는 걸 알아요. 저 하나만 바라보고 사신 것도 잘 알고요. 마음 아프게 해서 죄송해요. 제가 부족해서 그런 건데, 그만 아버지께 화풀이했어요…."

아들이 울고 있었다. 노인의 눈가에도 눈물이 번졌다.

한참 후 교감나무 속엔 아들이 남기고 간 온기로 가득했다. 아들을 사랑했지만 자기 방식으로 사랑했다는 것을, 사랑은 아들의 마음을 이해하는 것임을 노인은 비로소 깨달았다.

"이제 자네 자신을 만나 보는 건 어떤가?"

교감나무가 그를 부드럽게 안으며 말했다.

"나를…?"

"자신과의 만남은 무엇보다 중요하네."

노인은 팔십 평생의 삶을 돌아보았다. 부모에게 물려받은 재산 하나 없이 빈손으로 가정을 일궈 왔다. 척박한 날들이었지만 정말 열심히, 성실하게 살아왔다. 두 손을 바라보았다. 손톱은 뭉그러지고 검버섯이 핀 살갗은 볼품이 없었다. 노인은 자기의 두 손을 어루만지며 나직이 말했다.

"애썼네, 애썼어…. 그래도 한세상 우리 잘 해냈지? 부족하지만 최선을 다한 삶이었어. 고마우이…."

자신에게 하는 말을 스스로 들으며 노인은 눈물이 났다. 오랜 세월 한 번도 자신을 인정해 본 적이 없었다. 한순간도 자신을 토닥여 준 적이 없었다. 갑자기 온몸에서 죽어 있던 감각이 깨어나는 것 같았다.

"아! 이 소리를 들어 보게. 이 향기와 감촉을 느껴 봐. 난 지금껏 이런 것을 모르고 살아왔네."

노인은 감격에 겨워 탄성을 질렀다.

"바람 소리, 나뭇잎 뒹구는 소리, 새소리…. 숲의 맑은 향기, 흙의 부드러운 감촉…. 아, 내 심장 소리까지 모든 게 살아 있어. 모든 것이 생생하게 느껴져."

"완전한 하루를 살아 보고 싶은가?"

교감나무가 흐뭇하게 웃으며 물었다.

"이젠 알겠네. 오늘이 그날이라는 걸!"

노인은 얼굴에 가득 미소를 띠고 대답했다.

"허허, 다행이구먼. 깨어난 후엔 모두가 완전한 날이지."

"내게 이런 시간을 알게 해 줘서 고마우이. 또 봄세."

이야기를 마친 노인은 자신의 교감나무를 쓰다듬었다.

"난 평생 하늘을 우러러 한 점 부끄럼 없이 살려고 노력했소. 그게 내 신조였지요. 그러다 보니 그렇지 않은 사람들을 볼 때, 모두 나쁘고 못난 것처럼 보였소. 나는 늘 입버릇처럼 말했지요. 에잇, 더러운 세상이야. 에잇, 저 천하에 나쁜 놈들. 죄를 지으면 벌을 받는 게 마땅하다고 생각했지요. 한 번쯤은 그들 편에서 헤아려 볼 생각을 해야 했는데 말이오."

"그랬다면 무엇이 달라졌을 거 같으세요?"

내가 물었다.

노인은 교감나무의 둥근 공간을 어루만지며 대답했다.

"아주 많이 달라졌을 거요. 무엇보다 아들 내외에게 그리 노여움을 품진 않았겠지요. 대화라도 해서 어려움을 함께 극복하려 했을 거고, 측은한 마음이 더 들었을 테지요. 내가 옳고 정당하다고만 생각했으니, 남의 처지 따윈 마음에 들어오질 않았던 거지요. 사람 사이를 이어 주는 건 이해요, 공감이라는 걸 이번에 깊이 깨달았다오."

"좋은 말씀이네요. 앞으로는 완전한 하루가 매일 펼쳐질 것 같은데요?"

"허허허."

노인의 웃음소리가 교감의 숲으로 퍼져 나갔다. 나도 웃으면서 일어섰다. 이제 노인 걱정은 하지 않아도 될 것 같았다.

***

추추가 교감나무 속에서 나왔다. 슬픈 듯 기쁜 듯 표정을 읽기 어려웠다.

"기분은 어때?"

내가 넌지시 물었다.

"이제야 알 것 같아."

추추가 하늘을 올려다보며 담담하게 말했다.

"무얼?"

"신의 마음. 내게 무얼 원하는지도…."

나는 왠지 더 이상 묻지 못했다.

* * *

중년 남자가 교감나무 옆에 서서 콧노래를 흥얼거리고 있었다.
"기분이 좋아 보이는데요?"
내가 다가가며 물었다.
"지금까지 살면서 이렇게 마음 편해 본 적이 없습니다."
"교감나무에서 좋은 만남이 있었나 봐요?"
"교감이란 게 너무 낯설고 어려워서 처음엔 난감했지요. 이제야 아내의 마음에 다가가는 법을 알 것 같군요. 나 자신과도 더 가까워진 기분이고요."
추추와 나는 교감나무 옆에 앉아, 다음 이야기를 설레는 마음으로 기다렸다.

"어서 들어오게. 여기는 평화의 공간이야."
머뭇거리는 그에게 교감나무가 다정하게 말했다.
그는 교감나무의 권유에 이끌려 속으로 들어가 앉았다. 생각보다 불편하거나 거부감이 들진 않았다. 오히려 고향집 툇마루에 온 것처럼 마음이 편안했다.
"가장 만나고 싶은 사람이 누군가?"

교감나무가 물었다.

"아내를 한번 만나 보고 싶긴 한데…."

그가 떠듬거리며 대답했다.

"교감은 가슴으로 하는 거야. 자, 눈을 감고 아내를 천천히 떠올려 봐. 자기 생각이나 느낌은 다 내려놓고, 온전히 아내의 생각과 느낌으로 들어가야 해."

교감나무가 부드럽게 말했다.

"그게 가능한가?"

"가능하지. 자신의 모든 판단을 내려놓고, 아내를 이해하고 싶다는 마음을 가져야 하네. 자네가 곧 아내가 되어야 하는 거야."

"음…."

그는 눈을 감고 아내를 느끼려 했다. 자신이 만들어 낸 아내에 대한 모든 이미지를 잊고, 아내에게 들었던, 아내의 삶 속으로 들어가 보았다.

그는 어린아이인 아내가 된다. 어머니를 일찍 여의고, 아무도 보살펴 주는 사람이 없는 아이. 알코올 중독자인 아버지한테 매일 맞고 자란 아이. 어릴 때부터 이미 애어른이 돼 버린 아이. 그 아이의 슬픔을, 아내의 마음으로 느낀다.

그는 소녀인 아내가 된다. 돈을 모아 아버지에게서 도망치는 게 꿈인 소녀. 또래들이 놀러 다닐 때도 남의 집 일을 해야 하는 소녀. 손에 물 마를 날이 없는 소녀. 그 소녀의 아픔을, 아내의 마음으로 느낀다.

그는 결혼한 아내가 된다. 가정적이고 따뜻한 남편을 만나는 게 소원인 여자. 아버지를 닮아 가는 남편에게서 점점 멀어져 간 여자. 말없이 웅크려 울고만 있는 어린애 같은 여자. 그 여자의 외로움을, 아내의 마음으로 느낀다.

그는 아내의 본질과 처음 만난 것 같았다. 아내가 되어 보니 비로소 아내가 보였다. 지금까지 자신이 본 건 아내의 실체가 아닌, 겉모습에 불과했다는 걸 알았다.

"자, 이제 준비가 된 것 같군. 아내와 직접 대화해 보게."

교감나무가 말했다.

아내가 그 앞에 무표정하게 앉아 있었다. 그런 아내를 보니 다시 화가 올라왔다.

"왜 그렇게 말을 하지 않는 거야? 열불이 나서 못 참겠네. 나를 무시하는 것 같잖아."

"무시하는 게 아니라…. 무서워서 떨고 있는 거예요. 세상에서 폭력적인 건 다 싫어요. 윽박지르고 화내고 때리고…. 그럴 때마다 전 얼어 버리고 말아요. 아무 말도 할 수가 없어요. 그런 당신에게서 도망치고만 싶어져요."

아내가 눈치를 보며 말했다.

"그래서 다른 남자를 만난 것이오?"

"그저 따뜻함이 그리웠을 뿐이에요…. 미안해요."

아내가 작은 새처럼 떨며 그를 바라보았다. 그는 아내의 눈동자를 처음으로 깊이 들여다보는 것 같았다. 그 눈동자에는 공포로 떨고 있는 아이, 외로움으로 응어리진 소녀, 두려움으로 도망치는 한 여자의 모습이 얼룩져 있었다.

"그동안 당신을 한 번도 제대로 바라봐 주지 못해서 미안해. 지금까지 난 당신의 마음을 듣는 귀가 없었어."

그는 아내의 얼굴을 마주 보며 말했다.

"나는 우리 불화의 원인을 당신 탓으로만 돌렸지. 당신 잘못이라고. 내 안에 너무 큰 슬픔이 있어서 당신의 마음을 안아 줄 힘이 없었던 거야. 그래서 그만 당신이 날 안아 주기만을 바랐던 거야. 당신을 이해해 줬어야 했는데…. 당신의 아픔을, 외로움을 안아 줬어야 했는데…. 늘 나 자신에게만 사로잡혀서 미안해. 내가 너무 작아서 미안해."

"그렇게 말해 줘서 고마워요. 저도 더 노력하지 못해서 미안해요."

아내가 희미하게 웃으며 사라져 갔다.

잊었던 아내의 미소를 참으로 오랜만에 보는 것 같았다. 교감나무가 그를 넓은 팔로 감싸 주었다.

"때가 되었네. 보고 싶은 사람을 이젠 만나 봐야지 않겠나?"

"…."

"불러 보게. 한 번도 맘 놓고 부르지 못한, 그리운 이름을…."

그는 한참 말문을 떼지 못했다.

"어, 어머니…."

묵은 가시를 빼내듯 한마디를 끄집어내었다.

"어머니! 아, 어머니…. 엄마."

그는 마침내 미친 듯 그 이름을 목 놓아 부르기 시작했다. 얼마나 불러 보고 싶었던 이름인가. 그것은 그에게 금기시된 이름이자 아픔의 근원이고, 영원한 그리움의 대상이었다. 잊고 싶었지만 잊을 수 없고, 부인하고 싶었지만 부인할 수 없는 뿌리. 그 뿌리의 상실은 언제나 그를 갓난아이처럼 배고프게 했고, 중심이 없는 사람처럼 헛돌게 했다.

"아가, 내 새끼야, 이리 온. 엄마가 미안하다…."

어머니가 어린아이인 그를 부르고 있었다.

"엄마는 널 한시도 잊은 적이 없었어. 집을 나가서도 너에게 좋은 걸 해 주려고 열심히 일만 했단다. 한데 시간이 너무 지나 돌아갈 길이 막혀 버렸구나. 어린 나이에 너를 낳고, 도박에 매질까지 하는 네 아빠를 견디기엔, 내가 너무 지쳤었다. 너에겐 평생 죄인이다. 죽어도 잊지 못할 그리운 내 새끼야! 이 몹쓸 어미를 용서해다오."

얼굴도 기억나지 않는, 늙고 여윈 팔순의 어머니를 그는 가슴으로 안았다.

"엄마… 괜찮아요. 이젠 다 괜찮아요…."

그의 눈에서 뜨거운 눈물이 흘러내렸다.

이야기를 마친 그의 목소리는 흥분으로 떨리고 있었다.

"저는 늘 정거장에 서 있는 느낌이었어요. 집에 가야 하는데… 집을 찾아야 하는데… 계속 정거장에서만 서성대는 것 같은…. 그런데 이젠 집이 보이는 것 같아요."

들뜬 표정으로 그가 계속 말했다.

"지금처럼 아내를 가깝게 느껴 본 적이 없습니다. 이건 남녀 간의 감정과는 차원이 좀 다른, 어떤 인간적인 유대감이랄까요. 아내도 저처럼 아프고 상처가 많은, 그래서 행복을 원했던, 나약한 한 사람에 지나지 않는다는 걸 알게 되었습니다."

"한 존재를 진심으로 이해하게 되셨군요? 정말 다행이에요. 앞으로는 자신도 돌보며 사셔야지요."

내가 말했다.

"네. 저는 어려서부터 일하느라 마음껏 놀아 본 적이 없습니다. 제 안에는 늘 근심 걱정으로 가득했지요. 이제부턴 여행도 다니고, 제 시간을 좀 가져 볼까 합니다. 먹고 싶은 것도 먹어 보고, 철 따라 옷도 사 입어 보고, 게으름도 실컷 피워 볼 작정입니다. 무엇보다 뼛속 깊이 새겨진 이 열등감이란 놈과 싸워 보렵니다. 다리 하나 없으면 어떻습니까. 좀 가난하면 또 어떻습니까. 이것도 다 소중한 제 삶인 걸요. 아내가 끝까지 이혼을 원한다면 그것도 존중해 주고 싶습니다. 아내가 원하는 걸 해 주고 싶어요. 그래도 예전처럼 아프진 않을 것 같습니다. 버림받았다는 생각이 들진 않을 테니까요. 진정 아내를 위한 선택이라고, 나를 토닥여 줄 수 있을 것 같습니다."

짧은 시간에 그의 변화가 놀라웠다.

"아내에 대한, 또 자신에 대한 생각의 대전환을 이루신 거네요?"

"솔직히 저도 이렇게 된 게 의아하기만 합니다. 아내가 거짓말을 한다는 생각이 들 때마다 피가 거꾸로 솟고, 손이 부들부들 떨렸지요. 하지만 이젠 사랑을 의심하고 쫓아가는 대신, 믿고 기다릴 수 있을 것 같습니다. 사실보다 중요한 건 진실이라는 걸 알았거든요. 아내가 어떤 행동을 했느냐보다는, 왜 그런 행동을 할 수밖에 없었는지, 마음속에 무엇이 있는지 그걸 이해하는 게 더 중요하다는 걸 이제야 깨닫게 되었거든요."

"교감나무는 정말 대단한걸? 잠시 내가 네가 돼 보는 것만으로도 새로운 세상이 열리잖아."

추추가 눈을 동그랗게 뜨며 말했다.

"그래, 사람은 자기 속에 갇혀 있기 때문에 문제가 생기는 거야. 일단 상대를 알고 싶고, 이해하고 싶다는 마음을 갖는 순간, 평화의 다리가 놓이게 되지."

내 말에 그는 우리를 바라보았다.

"내 안의 치유되지 않은 아픔이 지금까지의 나를 지배해 왔다는 사실을 알고 나니, 갑자기 세상 이치가 환해지는 것 같습니다. 뭐랄까요, 해방감이랄까 평안함이랄까. 이런 게 자유를 맛보는 기분일까요? 아내에게 저의 변화를 보여 주고 싶습니다만… 너무 늦은 건 아닐까요?"

"아니요!"

추추와 나는 동시에 대답했다. 우리 셋은 교감나무 아래서 서로를 보며 한껏 웃었다.

***

여대생 J가 교감나무에 기대어 울고 있었다.

"많이 힘들었군요?"

J의 어깨를 감싸며 내가 물었다.

"네, 가장 힘든 시간이었어요."

손등으로 눈물을 훔치며 J가 대답했다.

"교감나무 속에선 누굴 만났어요?"

"어머니요. 그리고… 삼촌도…."

"정말 힘든 시간이었겠네요.

우리는 교감나무 밑에 같이 앉았다.

"지금 기분은 어때요?"

"허탈하기도 하고, 홀가분하기도 하고…. 오랜 시간 가둬 놨던 무엇과 결별한 느낌이에요."

"그래요, 애썼어요. 정말 힘든 일을 해내셨네요."

나는 J의 어깨를 토닥여 주었다.

"세상의 모든 가해자가 교감나무 속에서, 한순간이라도 피해자의 마음을 느껴 봤으면 좋겠어요. 그러면 세상이 달라질 텐데요."

J가 교감나무를 쳐다보며 말했다. 그러고는 숨을 고른 후, 교

감나무 속 투쟁 이야기를 시작했다.

교감나무에서 꼭 만나고 싶은 사람이 있었지만, J는 대면할 용기가 나지 않았다.
"두려워하지 마. 이 단계를 넘어야 도달할 수 있어."
한참을 가만히 앉아 있는 J에게 교감나무가 말했다.
"어딜?"
"네가 원하는 곳."
"그때의 엄마를… 만나 보고 싶어."
J는 이를 악물고 말했다.
교감나무는 그 시절을 떠올려 보라고 했다. J는 눈을 감고 사십 대의 젊은 엄마를 교감나무 속으로 불러들였다.
"이제 하고 싶은 말을 해도 돼."
교감나무가 속삭였다.

가슴이 울렁거렸다. 목이 막혀 자꾸 마른침만 삼켰다. 고개를 숙이고 앉은 엄마는 낯설어 보였다. J는 엄마를 노려보다가 목 안을 짓누르는 것을 울컥울컥 토해 냈다.
"왜 그랬어? 왜 날 믿어 주지 않았어? 난 어렸잖아. 겨우 일곱 살이었는데…. 딸을 보호해 줘야지. 확인은 해 줬어야지. 왜 그냥 꿈을 꾼 거라고 뭉개 버렸어? 왜, 왜 그랬어?"
J가 울부짖었다.

"어떻게 엄마가 그럴 수 있어? 내 말 좀 믿어 달라고 그렇게 애원했잖아. 근데 거짓말이라고만 했지? 거짓말이라고. 난 죽어 가는데…. 엄마인 사람이 대체 왜 그랬어? 말해 봐, 말해 보라고!"

그날 이후 꿈에서조차 이런 말을 해 본 적이 없다. 너무 아파 차마 꺼낼 수가 없었다.

소리 지르는 J 앞에서 엄마는 고개도 들지 못한 채, 제 가슴팍만 퍽퍽 칠 뿐이었다.

"다 내 잘못이다. 어리석은 엄마 탓이야. 바보 같은 엄마 때문에 네가 상처를 안고 살았구나. 내가 널 그리 만든 거야. 미안하다…."

엄마는 오열하기 시작했다.

"실은… 실은… 두려웠다. 나도… 너만 할 때 그런 일을 당했어. 그, 그런데 하나뿐인 동생이 그 짓을 했다는 걸 도저히 받아들일 수가 없었다. 그걸 인정하면 동생을 죽여 버릴 것만 같았어. 미안하다. 꿈이라면 잊힐 줄 알았어. 너도 나처럼 평생 상처를 안고 살아가게 하고 싶지 않았다. 그저 빨리 잊히기만을 바랐는데…. 다 내 탓이다. 내가 널 망친 거야."

J는 너무도 고통스러워 눈을 번쩍 떴다. 엄마는 사라지고 없었다.

엄마의 삶을 J는 잘 알고 있었다. 아빠의 폭력을 참으며 늘 우울증에 시달렸던 엄마. 아빠의 경제적 능력에 기대 사는 자신이 벌레 같다던 엄마. 여자는 강해야 한다며 모진 말을 서슴없이 내뱉던 엄마. 그 엄마에게 딸의 상처는 잊고 싶은 또 하나의 자기 모습이었던 것이다.

J는 깊은숨을 내쉬었다. 엄마도 힘없는 한 여자에 지나지 않았구나. 엄마도 자신의 상처를 부여잡고 지금껏 울고 있었구나…. 그래도 그때, 내 마음을 조금만 들여다봐 줬더라면 그토록 외롭진 않았을 텐데…. 그런 생각에 원망보다는 더 큰 슬픔으로 가슴이 먹먹해 왔다.

"자, 이제 또 한 사람을 만나 봐야지?"

교감나무가 낮은 소리로 말했다.

J는 눈을 질끈 감았다. 그것만은 도저히 감당할 수 없을 것 같았다.

"아니요! 아직은 안 돼요. 난 못해요."

교감나무가 J를 부드럽게 어루만졌다.

"이 공간은 안전해. 네가 하고 싶은 말은 뭐든 다 할 수 있어. 용기를 내렴."

사실 가슴속에만 저며 둔 딱 한 가지, 언젠가 그 사람에게 꼭 묻고 싶은 말이 있었다. J는 눈을 감았다. 떨리는 가슴을 부여잡고 그 사람, 삼촌이 교감나무 속으로 들어오기를 기다렸다.

잠시 후 J 앞에 엉거주춤 다가온 사내는, 병들어 초라하고 늙은 모습이었다.

"난 당신을 사람이라 생각 안 해! 그래도 꼭 묻고 싶은 게 있어."

J는 15년간 참고 참아 왔던 울분을 토해 냈다.

"그때 왜 그랬어? 대체 내게 왜 그런 거야? 난 어렸잖아. 난 당신 조카잖아. 근데 나한테 왜 그랬어? 그렇게 믿고 따랐는데…. 아무것도 모르는 어린애한테 대체 왜 그랬어!"

"미안하다. 그땐 제정신이 아니었다. 그게 그렇게까지 심각한 상처로 남을 줄은 정말 몰랐다. 시간이 지나면 아무렇지도 않을 줄 알았는데…."

울부짖는 J 앞에 고개를 떨군 삼촌이 기어들어 가는 목소리로 말했다.

J는 그 입을 짓이기고 싶었다.

"그만, 그만해! 난 당신을 용서할 마음 추호도 없어. 당신도 똑같은 아픔을 겪어 봐야 해. 그전엔 절대, 절대로 내 심정을 알 수 없어. 넌 인간쓰레기야! 용서조차도 아까워."

"어린 너에게 정말 몹쓸 짓을 했다. 살인보다도 더한 짓임을 그땐 차마 모르고, 순간적으로 내 욕망만 생각했다. 그래, 난 죄인이다. 날 용서하지 마라."

J는 순간, 보았다. 삼촌의 눈 속에 죄책감과 불안, 공포, 좌절, 두려움 들이 뒤엉켜 떨고 있는 것을. 이제는 그만 영혼의 쉼을 얻고 싶은 열망으로 떨고 있는 두 눈동자를….

J는 문득 깨달았다. 삼촌은 이제, 자기 인생에서 먼지보다도 못한 존재라는 것을. 상흔은 남겠지만, 그 상흔이 자신을 무너뜨릴 순 없다는 것을.

J는 세차게 고개를 흔들며 눈을 치떴다. 삼촌은 보이지 않았다. 갑자기 온몸에서 힘이 빠져나가는 것 같았다. 축 늘어진 J의 어깨를 교감나무가 토닥거렸다.

"잘 해냈어. 분노의 강을 건너지 않고는 기슭에 닿을 수 없어. 이제 숨을 깊게 쉬어 봐."

J는 교감나무를 따라 깊은숨을 내쉬었다. 명치를 누르고

있던 단단한 것이 조금씩 풀어지는 것 같았다.

"이제 마지막으로 할 일이 있어."

교감나무가 나직이 말했다.

"너 자신과의 만남. 너는 그간 너 자신마저도 회피하며 살아왔잖아."

J가 기운 없이 교감나무를 쳐다보았다. 교감나무는 온몸으로 힘을 북돋워 주었다. J는 하는 수없이 다시 눈을 감았다. 아무 이유도 없이, 뜻도 모르고 당한 어린 날의 폭력으로 J는 애초부터 고장 난 인형이 돼 버렸다. 웃으면서도 전혀 즐겁지 않았고, 슬퍼도 어디가 아픈지 알 수 없었다. 돼지, 먹보, 정신병자…. 자신에게 붙은 별명이 죽기보다 싫으면서도, 왜 자꾸 먹어 대는지 알 수 없었다. 끝도 없는 사막을 혼자 걷는 기분이었다.

"그만 힘들어도 돼…. 이젠 숨을 쉬어도 괜찮아…."

J는 오랫동안 자신의 것이 아니었던, 자기 몸을 감싸안으며 말했다. 뜨거운 눈물이 볼을 타고 흘러내렸다.

J의 이야기를 듣는 내내 가슴이 뭉클했다. 추추도 옆에서 훌쩍이고 있었다.

"이겨 내 줘서 고마워요. 정말 장해요!"

나는 J의 손을 잡고 말했다.

J가 우리를 바라보았다. J는 이미 사막을 건넌 낙타처럼 거대해 보였다.

* * *

젊은 여성과 청년이 벤치에 나란히 앉아 있었다.

"두 분이 여기 계셨군요? 같이 앉아도 될까요?"

"어서 오세요, 선생님."

"이쪽으로 앉으십시오."

추추와 나는 그들의 맞은편 의자에 앉았다.

"교감나무는 어떠셨어요?"

그들의 안색을 살피며 내가 물었다.

"저는 부모님을 만났어요. 그동안 저는 불행하다고만 생각했어요. 근데 사랑받기도 했고, 즐거운 시간도 꽤 있었다는 걸 처음 알게 되었어요."

젊은 여성이 말했다.

"저도 아버지와 교수님을 만났습니다. 그들에겐 고마운 점이 별로 없다고 생각했거든요. 그런데 단점도 있지만 장점도 많은 분들이고, 불합리한 점도 있지만 감사할 점도 많다는 걸 새삼 깨달았습니다."

청년이 말했다.

"좋은 경험들을 하셨네요. 사람은 각인된 상처 때문에, 한쪽으로만 치우쳐 생각하기 쉽지요. 모든 걸 아울러 볼 수 있는 건 그만큼 마음이 넓어졌다는 증거겠지요."

"내 감정을 아는 것도 중요하다는 걸 알았어요. 나와 접촉하지도 못하면서 상대의 마음만 이해하려 드는 건, 또 하나의 우를 범하는 게 아닌가 싶어요."

젊은 여성이 말했다.

"그래요. 자신이 지금 어떤 감정인지, 자기가 진정 무엇을 원하는지 스스로 교감해 보는 시간이 무엇보다 필요하지요. 자기 속에 부정적인 감정으로 가득하면, 상대의 마음을 공감하기 힘드니까요."

내 말에 청년이 고개를 끄덕였다.

"교감나무가 세상에 가득하면 좋겠어. 거리마다, 집집마다, 마음마다."

추추가 두 팔을 활짝 벌렸다.

"정말 그랬으면 좋겠다."

청년도 맞장구를 쳤다. 우리는 웃으며 교감의 숲 입구로 향했다.

완전한 하루가 또 지나고 있었다.

일행은 서로의 경험담을 나누며 특별한 하루를 음미했다. 가랑비가 조금씩 내리기 시작했다. 청량한 비를 온몸으로 맞으며 우리는 오솔길을 내려갔다.

***

추추는 쉼터에서 저녁 뉴스를 보다가 벌떡 일어났다. 잘못된 재판 때문에 어떤 사람이 삼십 년간 억울한 옥살이를 했다는 보도를 본 직후였다.

"세상의 법은 어떤 얼굴인지 궁금해."

추추는 뉴스에 나온 사람을 만나고 오겠다며 밖으로 나갔다.

늦은 밤, 헬쑥한 낯빛으로 돌아온 추추는 침대 가에 앉아 그 사람에 대해 들려주었다.

그 남자는 반지하 단칸방에서 혼자 살고 있었다. 추추가 창문으로 들어오는 걸 보고 그는 몽둥이를 휘둘렀다.

"난 천사 추추야. 걱정하지 마. 해치지 않아."

추추가 날개를 접고 방바닥에 얌전히 앉자, 그도 몽둥이를 내려놓았다.

"천사라고? 여긴 뭔 일로 왔지?"

그가 의심의 눈초리로 물었다.

"뉴스에서 봤어. 죄가 없는데 왜 죄인이 된 거야? 그게 궁금해서 왔어."

추추에게 악의가 없음을 알았는지, 그는 앉아서 담배를 꺼내 물었다.

"힘이 없어 그렇지 뭐. 돈도 빽도 없으면 여긴 그런 취급 받기 딱이야. 넌 좋겠다. 이런 데서 안 살아도 되니."

그가 담배 연기를 내뿜었다.

"이 땅의 법은, 왜 아무 힘이 없는 거야?"

추추가 정말 알고 싶다는 듯 묻자, 그는 풀 죽은 목소리로 대답했다.

"여긴 돈과 권력이면 다 되는 세상이야. 판사들이 신이지. 그들의 말에 한 사람의 인생이 좌우되지. 하기야 어디 판사들만 문제겠니. 감옥에 있으면 인간 잡종들이 다 보이지. 권력을 이용해 힘없는 자를 짓밟고, 자기가 살기 위해 거짓 증언하고, 사랑이든 우정이든 득이 되지 않는 건 다 내다 버리고, 돈을 위해서라면 제 가족까지도 죽이는 게 세상인데, 나 같은 사람 생매장하는 건 일도 아니지."
"아! 사람이 변하지 않으면, 사람이 만든 법은 아무 쓸모가 없구나."
추추는 그를 측은하게 바라보며 말했다.
"죄도 없이 삼십 년 넘게… 정말 억울했겠다."
"마흔에 철창 속에 갇혀 칠십이 넘어 나왔으니 억울하지. 수도 없이 결백을 호소했지만 아무도 들어주지 않았어. 신도 어디 있는지 모르겠더라. 내 인생은 이제 끝났지 뭐냐. 허허, 다음 생엔 사람으로 태어나지 않았으면 좋겠구나."
그의 한숨 소리가 추추의 마음을 아프게 했다.
"비아람이란 곳이 있는데…."
추추는 그에게 비아람 숲에 오면 누구나 새 힘을 얻을 수 있다고, 완전한 하루를 시작할 수 있다고, 꼭 한번 와 보라고 거듭 말하고는 집을 나섰다.

"돈과 권력이 그렇게 좋은 거야? 신이 존귀하게 생각하는 사람이 먼지보다도 못한 것에 영혼을 팔다니…."
어린 천사가 사람들에게 실망하는 모습이 안타까웠다.
"그래도 어둠의 힘에 굴복하지 않는 사람들이 있어. 평화로운 세상을 꿈꾸는 사람들, 옳고 정의로운 것에 투신하는 사람들, 삶의 본질을 깨닫는 사람들, 깨어 있는 자들이 모이면 세상을 변화시킬 수 있다고 믿는 사람들…. 그런 사람들이 세상을 달라지게 할 거야."

나는 힘주어 말했다.

추추가 조금은 안심이 되는 듯, 늦은 잠자리에 들었다.

네 번째

그림자의 숲
내면의 어둠과 화해하기

흙과 엉겨 있던 마지막 눈들은 어제 내린 비로 소리 없이 소멸하고 있었다. 이번 순례도 막바지에 이르고 있었다. 숲은 모두 돌비 안쪽으로 오목하게 들어가 있어서 길 위에서는 우거진 잡목밖에 보이지 않았다. 일행은 묵묵히 걸어 네 번째 숲으로 향했다.

검은 돌비가 단단하게 길목을 지키고 있었다. 이 바윗돌은 어느 만큼의 세월을 건너 지금, 여기 서 있는 것일까. 맨 처음 돌을 다듬었을 누군가와 이곳을 거쳐 간 이들, 그리고 앞으로 지나갈 수많은 이들. 그들의 보이지 않는 연결이 경이롭게 느껴지는 아침이었다.

돌비에 새겨진 해골 하나가 빈 눈으로 우리를 지켜보고 있었다. 그것은 무언가를 말하려는 듯 입을 반쯤 벌리고 있었다. 그 아래엔 흘림체로 이렇게 쓰여 있었다.

'그림자의 숲.'

"그동안 세 개의 숲을 지나오며 자신의 문제가 해결된 것 같고, 이만하면 필요한 깨달음을 얻었다고도 생각되실 겁니다. 그러나 세상으로 나가 또 다른 문제에 부딪히면 속수무책이 되곤 하지요. 이곳에서는 각자의 그림자를 만나게 됩니다. 그림자를 인정하는 것만으로도 성숙한 자기에 한 발 더 다가서게 되실 거예요."

나는 일행을 향해 말했다.

햇빛이 그림자를 길게 드리웠다.

일행은 주저하다가 자기 그림자를 끌고 그림자 숲으로 들어갔다.

***

그림자는 존재의 일부다.

나의 그림자를 인정하면, 너의 그림자도 이해할 수 있다.

＊＊＊

추추 뒤엔 아무 그림자도 없었다.

"천사에겐 그림자가 없구나?"

나는 당연한 질문을 했다.

"그림자가 있으면 천사가 아니야. 하지만 그림자를 가진 사람이 천사보다 못한 건 아니야."

"무슨 뜻이니?"

"사람에겐 그림자를 다스릴 힘이 있으니까."

＊＊＊

중년 남자가 충격을 받은 듯 허청거리며 그림자의 숲 입구로 걸어 나왔다.

"내 그림자를 만났어요!"

"어떻게?"

추추가 물었다.

"저 흰 숲에선 그림자들이 걸어 다녀."

우리는 나무 벤치에 나란히 앉았다. 물어보기도 전에 그는 자신의 그림자를 소개했다.

그림자 숲은 흰 나무들이 메마른 뼈처럼 빽빽하게 서 있었다. 겨울인데도 숲속은 내리쬐는 햇빛으로 번쩍거렸다. 나무들 사이로 들어서는데 누군가 중년 남자의 어깨를 톡톡, 두드렸다. 뒤돌아보았다. 아무도 없었다. 일행은 이미 흰 숲 사이로 사라져 보이지 않았다. 그는 어디로 갈지 몰라 두리번거렸다. 그때 누가 다시 그의 어깨를 두드렸다.
"이봐!"
그는 휙, 고개를 돌렸다. 역시 아무도 보이지 않았다.
"누구야?"
그가 떨리는 목소리로 소리쳤다.
"나야, 나. 자네 뒤에 딱 붙어 있는데도 나를 모르겠어?"
"내 뒤라고? 어디?"
그는 등 쪽을 손으로 훑어 내렸다. 그때 검은 물체가 그의 몸에서 툭 떨어져 나왔다.
"이제 날 알아보겠어?"
그것은 그와 형체와 똑 닮은, 그의 그림자였다.
"어, 어떻게 된 거지?"
그는 흠칫 몸을 움츠렸다.

"난 언제나 너와 함께 했어. 네가 나를 몰라줬을 뿐이지."

그림자는 성큼 앞으로 걸어 나왔다.

"나한테 왜 이러는 거야?"

그는 물러서며 소리쳤다.

"하하하, 너와 좀 친해지려고."

그림자가 검은 입을 벌리고 웃었다. 그러더니 흰 나무들 사이에 앉으며 말했다.

"여기 앉아서 우리, 얘기나 좀 하지."

"난 할 얘기 없는데."

"내 존재가 거북스럽겠지만 나와 친해지는 게 좋을 거야."

"어째서?"

"그림자가 없으면 빛도 없으니까."

"그 반대잖아. 빛이 있어서 그림자가 있는 거지."

"그게 그거지 뭐."

그림자가 느물거리며 웃었다. 어째서 그게 그거냐고 따지려다가, 그는 그림자와 마주 앉았다.

"좋아. 하고 싶은 말이나 얼른 하고 사라져!"

그림자가 갑자기 양손으로 그의 어깨를 꽉 잡고, 검은 얼굴을 갖다 댔다.

"나를 똑바로 봐! 뭐가 보이지?"

그는 그림자의 완력에 꼼짝 못 하고, 그 얼굴을 응시할 수밖에 없었다. 그건 차마 보고 싶지 않은, 그의 또 다른 얼굴이었다. 두꺼운 가면 뒤, 호시탐탐 자신의 욕망만을 채우려는 이중적이고 추악한 낯짝. 그는 눈을 내리깔고 신음했다.

"으윽, 이건 내가 아니야!"

"인정하기 싫겠지. 너는 늘 착하고 도덕적인 사람처럼 행동했으니까."

"이 세상에 완전한 사람은 없잖아!"

그는 얼굴을 일그러뜨리며 대꾸했다.

"맞아. 신이 아니고서는 누구도 완전할 수 없지. 하지만 자기 그림자를 인정하는 것과 부인하는 것은 하늘과 땅 차이지. 넌 아내의 부도덕한 행실을 비난했지만, 네 안에도 똑같은 욕망이 숨어 있다는 걸 알아?"

"욕망은 누구에게나 있어. 그걸 현실로 옮기느냐, 그렇지 않으냐가 다른 거지."

"으하하, 마음에 음욕을 품은 자는 이미 간음한 것과 같아. 더구나 너만의 숨기고 있는 진실이 있잖아."

그림자는 비웃듯이 그를 쳐다보았다. 그림자는 이미 다 알고 있었던 것이다. 더 이상의 변명은 통하지 않을 것 같았다.

"그럴 뜻은 없었지만, 그래… 나도 아내 몰래 다른 여자들을 만났어. 단순한 대화 상대도 있었고, 부도덕한 관계를 맺은 여인도 있었지. 누군가를 만날 때 난 고통을 잊을 수 있었어. 마음이 붕 뜨고, 시들했던 생활엔 활력이 넘치지. 죄책감이 들기도 했지만, 그건 날 외롭고 힘들게 한 아내 때문이지, 내 잘못은 아니야!"

그는 순순히 자백했다.

"흠, 중독의 그림자군."

그를 진단이라도 하듯 그림자는 턱을 괴고 심각하게 말했다.

"뭐? 중독?"

"그래. 관계중독. 그건 외로움과 수치심을 먹잇감으로 삼지. 상대에게 기생해서 자기의 부족함을 채우려는 거야. 자기의 행복은 오직 상대에게서 온다고 믿는 것이지."

"지금 내가 술도 뭣도 아닌, 사람에 중독됐다고 말하는 거야?"

"그뿐 아니라 네 속엔 다른 그림자도 있지. 아참, 내 소개를 잊었군."

그림자가 어깨를 으쓱하며 말했다.

"난 모든 그림자의 대부야. 그림자들의 이름을 붙여 주고,

활동을 중재하고, 주인인 너와 담판을 짓기도 하지."

"무슨 말을 하는지 하나도 모르겠네. 그러니까 지금 네가 여러 그림자를 대표해서 나를 만나는 거다, 이거지? 무슨 연유로?"

"그거야 네가 우릴 알아봐 주길 바라서이지. 넌 도통 우릴 인정하려 들지 않잖아."

"도대체 원하는 게 뭐야? 비아람 숲에서 난 많은 깨달음을 얻었어. 이젠 무엇이 문제인지도 알겠고, 아내를 이해하게도 됐어. 근데 아직도 뭐가 부족하단 말이야?"

갑작스러운 두통에 그는 머리칼을 움켜쥐며 소리쳤다.

"그 모든 과정은 다 필요하고 훌륭해. 하지만 그림자까지 알아야 온전해질 수 있어. 그림자가 언제 다시 너를 집어삼킬지 모르거든."

자신의 그림자와 대면하는 건 수치스럽고도 고통스러운 일이었다. 그는 마음을 다잡았다.

"좋아! 그렇다면 내 그림자에 대해 말해 줘."

그림자 대부는 망토처럼 검고 긴 자락을 휙 걷었다. 순간 그는 그 속으로 빨려 들어갔다.

"여기가 네 그림자들이 사는 곳이야."

음침한 동굴 속이었다. 발을 들여놓기도 싫을 만큼 퀴퀴하고 더러운 냄새가 풍겼다. 먼지 뭉치 같은 작은 그림자들 예닐곱이 눈에 들어왔다. 서로 다투는 녀석들도 있었고, 뭔가 일을 꾸미는 듯 바쁘게 움직이는 녀석들도 있었다.

"저 그림자의 이름은 '자격지심'이야. 저건 '피해의식'이고. 싸우고 있는 애들은 '투사'와 '망상'이군. 저기 구석에서 널 노려보고 있는 건 '불신의 그림자'지."

자기 속에 있는 어두운 것들을 직접 보고 있자니, 그는 부끄러움에 고개를 들 수 없었다.

"이 모든 게 어디서 오는지 알아? 바로 저기야."

그림자가 가리킨 곳에는, 끝을 알 수 없는 깊고 어두운 수렁이 드리워 있었다.

"저곳이 바로 열등감의 늪이야. 우리가 나고 자란 뿌리지."

그림자 대부가 말했다

"열등감의 늪?"

그는 몸서리를 쳤다.

"저 늪만 없애면 너희들도 다 사라질 수 있다는 거야?"

"흐흐, 우리가 사라진다 해도 또 다른 그림자들이 나타날 테지. 인간은 그림자를 완전히 없앨 순 없으니까."

"그럼 어떡하라는 거야?"

"그림자가 네 속에 있다는 걸 인정해. 그러면 너에게 해를

입히진 않을 테니.”

절망에 빠진 그를 향해 그림자가 말했다.

“왜 이런 걸 알려 주지? 넌 날 잠식하길 원할 텐데?”

“아니. 우린 네가 우리를 통해 발전하길 원해. 우리도 주인에게 기여하는 걸 보람으로 여기거든.”

“기여라니?”

“예를 들어 보지. 불신의 그림자를 네가 인식한다면, 그걸 잘 이용해서 모든 사물을 철저히 관리하겠지? 그러면 과오를 저지르지 않을 테니 우리로서 그보다 더 큰 보람은 없지.”

“그럼 투사는?”

“투사는 네 속의 불편한 것들을 남에게 떠넘기는 거지. 그런 경향을 네가 인지한다면, 남을 흉보고 싶고, 욕하고 싶고, 탓하고 싶어질 때마다 ‘이건 내 문제가 아닐까, 내 잘못이 아닐까, 내 책임이 아닐까’ 하고 스스로 물어보겠지? 우리로서 그보다 더 큰 보람은 없지.”

그림자 대부는 다시 망토를 휙 덮었다. 그러자 둘은 다시 흰 숲으로 돌아왔다.

“그럼 넌 내 열등감이 어디서 오는지 알아?”

그는 큰 고민에 쌓인 얼굴로 물었다. 아무리 좋게 생각하려 해도, 무시무시한 열등감의 늪과 그림자의 무리를 보고 온 이상, 그것을 그냥 자기 속에 놔두고 싶지는 않았다.

"아니, 그건 너만이 알겠지. 우린 네가 키운 것들이니까."

"그럼, 이제부터 그걸 알아내야겠군. 내가 너희의 근원지를 없애 버려도 서운해하지는 마."

그가 자신 있다는 듯 큰소리쳤다.

"하하하, 서운하기는. 여기서 날 만났으니 그런 생각도 하게 된 거 아니야? 이것도 다 우리의 보람 속에 들어 있는 거라고. 이젠 우리가 해악만 끼치는 게 아니란 걸 알겠지?"

그에게 그림자는 더 이상 추하고 위험한 존재처럼 보이진 않았다.

"그래. 하지만 너희와의 만남이 즐거운 건 아니야. 다음엔 보고 싶지 않아."

그는 매정하게 말했다.

"흰 숲이 아닌 이상 우린 네 앞에 나타날 수도 없어. 아무튼 건투를 빈다. 네가 우리를 다 없앨 수도 없겠지만, 그런다 해도 우린 다른 사람에게로 옮겨가면 그만이니까."

그의 매정한 말투에도 그림자 대부는 대수롭지 않게 말하고는 다시 그의 등 뒤로 흔적도 없이 사라졌다.

"죄송합니다. 그동안 아내의 외도만 말하고, 제 잘못은 숨겨서 실망하셨지요?"

중년 남자가 나를 바라보며 부끄러운 듯이 말했다.

"괜찮아요. 큰 용기가 필요했을 텐데, 이렇게 말씀해 주셨잖아요. 그보다도 당신이 왜 그렇게 사랑의 감정을 쫓아 살아왔는지, 그걸 아는 게 중요할 것 같네요."

"사실 저는 좋아하는 이성에게 순간적으로 빠져들곤 했습니다. 상대가 떠나갈까 봐 매번 마음을 졸이고 집착하지만, 그 사람과 헤어지면 바로 다른 사람을 만나곤 했지요. 저는 항상 누군가와 사랑하고 있다는 느낌이 있어야만 심리적으로 만족할 수 있었어요. 그러지 않고는 마음이 허전하고 안정이 안 되었거든요. 저도 왜 그랬는지 모르겠습니다. 이것도 열등감 때문일까요?"

"무의식적이지만, 스스로 가치를 확신할 수 없으니까 그걸 외부에서 확인받고 싶었을 거예요. 누구한테든 관심과 사랑을 받아야만 자신이 괜찮은 사람으로 느껴졌던 거지요. 그런데 그건 사랑이라는 느낌에 도취된 거지, 사랑은 아니잖아요?"

"네. 제가 가장 참을 수 없는 게 외로움입니다. 그걸 잊기 위해 항상 바쁘게 무언가에 몰두했습니다. 특히 사람에게 그랬지요."

내 말에 그는 고통스러운 표정으로 대답했다.

"결핍의 상처를 지우거나 대체하려 애쓰지 마세요. 당신은 스스로를 치유할 수 있어요. 사랑받지 못했다고 해서 사랑할 수 없는 건 아니에요. 사랑받는 느낌이 없어도, 혼자여도 자족할 수 있어야 자기 자신으로 살아가는 거겠지요."

나는 이어 그에게 가장 어려운 주문을 했다.

"두려워하지 말고, 고독 속으로 들어가세요. 고독할 수 있는 용기가 필요해요. 의존에서 벗어날 때 진정 사랑할 수 있어요."

태양은 여전히 내리쬐고 있었는데, 흰 나무들은 자신의 그림자를 안으로 끌어들여 승화시킨 모습으로 서 있었다. 그 나무들 사이에 그도 가만히 서 있었다. 한참 후 그가 진지한 눈빛으로 말문을 뗐다.

"그간 저 자신에게 너무 무심했군요. 사람에 대해, 나에 대해 더 많이 공부하고 알아야 할 것 같습니다. 선생님 말씀대로 이젠 불나방처럼 애정의 불빛을 쫓는 대신, 스스로 내 인생의 등불이 되고 싶습니다."

"당연히 그럴 수 있으리라 믿어요. 당신은 이미 열등감의 늪에서 빠져나오고 있잖아요."

"우와! 사람들이 자기 그림자를 알면, 세상은 평화로 가득할 거야."

추추가 소리쳤다.

그런 날을 상상하며 우리 셋은 기분 좋게 웃었다.

* * *

젊은 여성이 흰 나무숲을 헤치며 나오고 있었다. 추추와 나는 그녀에게로 향했다.

"그림자는 어디 두고 혼자 오세요?"

내가 농담조로 물었다.

"제가 꼭 안고 있어서 보이지 않을 거예요."

그녀도 웃으며 대답했다.

"어? 그림자들이 품에서 자고 있네."

추추도 맞장단을 쳤다.

우리는 벤치에 나란히 앉았다. 그녀가 이야기를 시작했다.

"너는 내가 무언지도 모르지? 알 턱이 없지. 나를 알면 질겁을 할걸."

흰 숲에 들어가자마자 그녀 뒤에 숨어 있던 그림자가 조롱했다.

"왜 그렇게 단정해?"

그녀가 볼멘소리로 물었다.

"너는 자신을 완벽하다고 생각하잖아."

"아니야, 그런 적 없어. 난 늘 열등하다고 생각했어."

"능력이 아니라 품성에 대해 말하는 거야. 나를 안다면 그렇게 행동할 리 없지."

내가 어쨌다는 거냐고 따져 물으려다가 그녀는 마음을 가라앉혔다.

"그럼 너를 보여 줘!"

그러자 그림자가 바로 그녀의 등 뒤에서 떨어져 나왔다. 그녀와 똑같이 말랐지만 목소리는 남성처럼 둔탁했다.

"나는 너의 그림자 대부, 오만함이다."

그러고는 그녀 뒤에서 여러 명의 작은 그림자를 다 불러냈다.

"너희들도 인사해라."

대부 그림자의 명령에 따라 작은 그림자들이 차례대로 말했다.

"난 내향성이에요."

"난 시기심."

"난 질투."

"우린 지배욕과 나르시시즘. 쌍둥이야."

모두의 소개가 끝나자, 대부 그림자가 말했다.

"우리는 정숙한 네 뒤에 꼼짝없이 붙어 있었지 뭐야. 이렇게 걸어 다니니 너무들 좋지?"

작은 그림자들은 폴짝폴짝 뛰기까지 하며 그녀에게서 분리된 것을 기뻐했다. 그녀는 그것들이 모두 자기에게서 나왔다는 게 믿어지지 않았다.

"이건 내가 아니야. 난 착하고 온전하게 살려고 노력했어!"

"하하, 그건 남들이 아는 너지. 우린 너조차도 의식하지 못하는, 너의 분신들이야."

대부 그림자는 그녀의 눈을 들여다보며 말했다.

"우리는 분명 네 속에 있었어. 이 사실을 받아들일 때 더 큰 생명력을 얻게 될 거야."

"그런 추하고 부끄러운 것들이 어떻게 생명력이 될 수 있다는 거지?"

그녀의 질문에 내향성이라고 소개한 그림자가 앞으로 나섰다.

"나의 주인이여. 당신은 나를 버리고 외향성만 취하려 했지요. 그럴 때 어떻게 되었나요? 당신은 자기에게서 소외되었어요. 내향성을 인정한 뒤에야 오히려 외향성도 발전시킬 수 있답니다."

"과연 그럴까?"

그녀가 미심쩍은 얼굴로 물었다.

"주인님은 오랫동안 나를 억압해 왔어요. 그렇다고 행복해졌나요?"

내향성의 반문에 그녀는 얼굴을 찡그렸다.

"그래도 아직은 널 자랑스럽게 내놓을 순 없을 것 같아."

"그렇겠지요. 우선은 부인만 하지 않아도 좋겠네요."

내향성이 물러나자, 시기심이 앞으로 나왔다.

"난 네 깊은 마음에서 생겨난 시기심이야. 너는 남들과 은밀히 경쟁하며 자신이 제일이길 바라지?"

"도대체 왜들 이러는 거야? 난 함부로 시기하거나 그러지 않아."

그녀가 안간힘을 쓰며 대들었다.

"나를 네 것으로 인정하면 수치스러울 테지? 하지만 더는 피곤하게 살지 않아도 돼. 남들보다 뛰어나려고 애쓰지 않아도 돼. 이제 그만 평범한 자리로 내려와. 그 자유를 누려보라고."

"아니, 아니야!"

그녀가 고개를 세차게 흔들었다.

"너는 시시때때로 나를 불러 마음에 불을 놓지. 그 불이 너를 태우는 줄도 모르고."

이번엔 질투의 그림자가 노려보며 말했다.

"지배욕과 나르시시즘도 당신 거라는 걸 몰랐지? 우린 당신이 가장 숨기고 싶은 속성들이지. 하지만 우리도 당신이 잉태했는 걸."

마지막으로 쌍둥이 그림자가 동시에 말했다.

그녀는 그림자들의 주장에 어지러웠다. 이것들을 행여 남들이 알아차리면 어쩌나 불안하기도 했다. 그런 마음을 알기나 하듯 대부 그림자가 다시 말을 이었다.

"그림자를 인정하는 자들은 소수에 불과하지만, 그들은 가장 강하지. 아무에게도 교만하지 않고, 아무에게도 폭력적이지 않으니까."

그녀는 얼굴을 붉히며 깊은 생각에 잠겼다. 그동안 자기 속을 들여다보기보다는, 남에게 어떻게 보일까에만 신경 쓰며 살아왔다. 그런 생각의 지배를 받는 내면에 그림자가 없을 리가 없었다.

"그래, 너희들은 내가 키운 것들이야. 이젠 너희에게 귀 기울이고, 내 어둠에 대한 책임을 다하겠어. 적어도 완전한 사람인 것처럼 교만하진 않겠어."

그녀는 한참 후 고개를 들고 말했다.

그림자들은 와와, 환호하며 그녀 등 뒤로 사라졌다.

"그림자가 두렵지 않으세요?"

내가 물었다.

"아뇨. 고맙기까지 한걸요. 내게 겸손함을 가르쳐 주니까요."

그녀가 웃으며 대답했다.

겸손함! 사람이 얼마나 갖기 힘든 성정인가. 그녀의 미소가 더욱 아름다워 보였다.

       * * *

다음은 청년이 들려준 이야기이다.

청년도 자기에게 그림자 따위는 없다고 생각했다. 그래서 그림자가 나타났을 때 깜짝 놀랐다.

"넌 내게서 나왔을 리가 없어. 절대로!"

"그럼 내가 어디서 왔겠어? 네가 날 무럭무럭 키웠잖아."

청년보다 키가 더 크고 몸집이 우람한 그림자가 가소롭다는 듯 대꾸했다.

"저리 가 버려. 난 널 극복했단 말이야!"

비아람 숲에 와서 자기 성찰을 꽤 이뤘다고 생각했기 때문에 그림자의 역습이 곤혹스러웠다.

"사람이 그리 쉽게 변하면 세상은 벌써 천국일걸? 너는 여전히 '자만'의 그림자를 숨기고 있어!"

그림자는 청년을 비웃으며 말을 이었다.

"넌 비아람에서 아버지의 이기심과 교수의 이중성을 봤지? 너는 그들과 다르다고 생각했고, 다른 삶을 살고 싶어 했어. 그런데 네가 지향하는 삶, 바로 거기에도 그림자가 어른거리는 거 알아? 아주 은밀하게 말이지."

순수하고 아름다운 꿈을 꾸는 자기 내면에 어두운 웅덩이가 있다는 건 받아들일 수 없었다.

"그럼 아무도 재단하지 말고, 아무것도 비판하지 말란 말이야? 그건 죽은 지성이야!"

청년은 창백해진 얼굴로 대들었다.

"자기 신념이 지배적일 때 거기에 또 다른 권위가 부여되고, 자기 삶만이 옳다고 우길 때 자만의 그림자가 드리우는 법이지."

"그렇지만…."

"비판할 것은 비판하고, 분노할 것은 분노해야지. 그러는 사이 자만, 오만, 우월의 그림자가 정의감 속에 섞여 들지 않는지 항상 촉각을 세워야 해."

여전히 석연치 않아 하는 청년의 마음을 이해한다는 듯 그림자가 좀 더 친절하게 말했다.

"그런 정보까지 주다니…. 그러면 너의 존재가 사라질 수도 있는데, 위기감이 들지 않아?"

그림자가 크게 웃어 젖혔다.

"푸하하, 그림자 세계는 절대 사라질 수 없어. 인간은 그리 완전할 수가 없거든."

"그러니까 내가 너의 주인 노릇을 잘해야겠네?"

"그렇지."

청년은 그림자를 마주 보았다. 어차피 적과 동침해야 한다면, 그림자를 제대로 이해하고 다루는 기술이 필요할 것 같았다. 청년은 주먹을 불끈 쥐고 흰 숲을 나섰다. 그림자가 얼른 청년의 등 뒤로 따라붙었다.

"제가 매 순간 그림자를 인식할 수 있을까요?"

청년은 이야기를 마치고 내게 물었다.

"그림자에 압도당할까 봐 불안하시군요?"

"네."

"그런 걱정을 하는 것 자체가 이미 힘을 가졌다는 증거겠지요. 실체를 모르면 그것이 나를 함부로 할 수 있지만, 실체를 알면 내가 그것을 다룰 수 있지요."

"선생님의 말씀을 들으니 마음이 놓입니다."

청년의 미소를 보며 추추와 나는 다른 곳으로 향했다.

* * *

여대생 J가 흰 숲 입구에 서서 우리를 기다리고 있었다.

"내 그림자가 나를 도와줬어요!"

J는 흥분한 목소리로 말했다.

"그럼, 그림자와 친구가 된 거야?"

추추가 물었다.

"응. 그런 것 같아."

우리는 벤치에 나란히 앉았다. J가 들려준 이야기는 감동적이었다.

검은 그림자가 뒤에서 쓱 모습을 드러냈을 때, J는 자지러지게 놀랐다. 그런 게 여태 자기와 함께 있었다는 게 끔찍했다.

"저리 가! 제발."

"내가 반가울 리 없겠지? 하지만 난 네 얼굴을 볼 수 있길 고대해 왔어."

그림자는 조금 떨어진 곳에서 J의 상태를 살폈다.

"날 봐. 나를 알면 더 이상 피하지 않아도 돼. 너는 나를 다스릴 수 있어!"

눈을 질끈 감은 J 앞에 그림자가 조용히 앉으며 말했다.

"다스릴 수 있다고? 이렇게 내 뒤에서 몰래 나를 포위해 놓고도 그런 말을 해?"

J가 실눈을 뜨며 대꾸했다.

"그건 오해야. 난 항상 너의 부름에 따랐을 뿐이야."

그림자가 한숨을 쉬며 말을 이었다.

"나는 일곱 살 이후로 너와 함께했지. 너는 어떨 땐 내게 상대방을 공격하라 하고, 어떨 땐 손목에 칼을 대라고도 했어. 나는 너에게 충성하는 종이니까 어떤 요구든 들을 수밖에 없지. 하지만 꼭 한 번은 너에게서 떨어져 이렇게 마주하고 싶었어."

"왜?"

"그림자 세계에는 불문율이 있어. '주인의 생각을 절대 바꿔서는 안 된다.' 하지만 흰 숲에서는 그걸 어길 수 있지. 실은 너에게 꼭 해 주고 싶은 말이 있거든."

의심의 눈초리로 바라보는 J를 향해 그림자는 이야기를 이어 갔다.

"너의 그림자에 속지 마. 그림자는 원래 실체가 없어. 항상 변하지. 그러니 그림자에 형체를 부여하지 마."

"무슨 뜻이야?"

"너는 잘못된 믿음을 가지고 있어. 그것이 그림자를 고착시키지. 그림자가 고착되면 오히려 너를 마음대로 부릴 수 있어."

"지금, 그림자인 네 얘기를 하는 거야?"

"맞아. 이 흰 숲에서만 나는 진실을 말할 수 있어. 하지만 나는 다시 그림자가 될 테고, 너의 지시대로 할 수밖에 없지."

"나의 잘못된 믿음이란 게 뭐야? 자세히 말해 줘."

그제야 J는 그림자의 말에 귀 기울일 마음이 생겼다.

"남자는, 성적인 것만 갈취하는 동물이라는 것!"

"흑… 그건 사실이야."

"사람은 모두 성적인 동물이지만 그 이상이기도 해."

"그 이상?"

"너는 남자에 대한 피해의식 때문에 이성을 멸시하지만, 실은 사랑을 갈망하고 있잖아?"

그림자는 한층 부드러운 목소리로 말했다.

J는 자기 속을 들킨 것이 못내 부끄러웠다.

"내가 받은 상처를 다 알 텐데도 그런 말을 하다니…."

"우리 그림자들이 함부로 넘볼 수 없는 곳이 딱 하나 있어. 바로 사랑의 세계야. 평생 한 사람과 진실한 관계를 맺으며, 서로의 인격을 존중하고, 상대의 본질과 교감하는 사람들. 그들에게 성욕은, 유일한 사람에게 사랑을 표현하는 아름다운 행위지. 그 속엔 조건적이거나 이기적이거나 탐욕적인 그림자는 얼씬도 못 해."

"그런 사랑이 정말 가능해?"

J에게 진실한 사랑 같은 건 동화에나 나오는 이야기였다. 일곱 살 이후로 남자는 삼촌의 이미지 그 이상도 그 이하도 아니었다. 그런데도 외로웠기 때문에 사랑이란 걸 하고 싶었고, 버려질 거라는 두려움 때문에 날씬한 외모에 집착했다. 하지만 어느 한순간 자포자기하며 폭식으로 이어졌고, 다시 구토와 거식증이라는 사이클을 반복했다.

"너를 함부로 내버리지 마. 자신을 소중히 여겨. 자아가 성숙할수록 맑은 영혼을 가진 남자를 볼 줄 알고, 깨어 있는 사랑을 하게 될 거야."

"고마워. 이제야 뭔가 알 것 같아."

"이젠 다시 내 자리로 돌아갈 시간이야."

그림자가 일어서며 말했다.

J는 처음으로 등허리가 따뜻하게 느껴졌다.

"제 상처 때문에 한 눈을 감고 세상을 본 것 같아요. 어쩌면 저에게도 소망이 생길지 모르겠어요."

J가 미소를 지었다.

"세월의 무게를 이기며 사랑을 완성할 동반자를 꼭 만나길 바랄게요."

나도 미소로 답했다.

***

흰 숲 입구에 노인이 서 있었다. 추추가 먼저 뛰어갔다. 노인은 추추를 반갑게 맞았다.

"내 손자가 꼭 너만 하단다. 그 애의 태몽을 내가 꾸었지 뭐냐. 맑은 시냇가에 학이 날아들어 물을 마시는 꿈이었지. 지금도 눈에 선해. 아주 아름다운 풍경이었어."

"아이가 그리워?"

추추가 물었다.

"암, 그렇고말고. 더 늦기 전에 보러 가야지."
노인은 아련한 눈빛으로 자기 그림자 이야기를 들려주기 시작했다.

깡마르고 긴 데다 음산한 분위기를 풍기는 검은 그림자가 노인의 등 뒤에서 나타났다.
"내가 누군지 알아?"
"누, 누구야?"
노인은 너무 놀라 주저앉았다.
"흐흐흐, 나는 네가 가장 두려워하는 죽음의 그림자지."
언젠가 닥칠 일이라 예상은 했지만 여기서 맞이하게 될 줄은 몰랐다.
"몹시 겁이 나나 보군?"
"누가 겁을 냈다는 거야? 난 준비가 끝났어. 언제든 잡아가라지."
노인은 최대한 의연하게 대처하고 싶었다.
"그래? 그럼 나를 한번 따라와 보겠어? 죽음의 세계를 보여줄 테니."
노인의 가슴이 세차게 뛰었다. 큰소리를 쳤으니 물러설 수도 없는 노릇이었다.

"흠, 그야 못 갈 것도 없지."

노인은 헛기침하며, 가래침을 뱉듯 내뱉어 버렸다.

죽음의 그림자는 검은 자락으로 노인의 몸을 휙, 감아올리더니 두 눈을 덮었다. 순간, 노인의 영혼은 육체의 꺼풀을 벗고 가볍게 날아올랐다. 영혼이 나와 버린 빈 몸은, 흰 나무 아래 기대어 자는 것처럼 보였다.

세상이 발아래 놓여 있었다. 빌딩 숲이, 사람들이 점점 멀어져 갔다. 거대한 도시가 장난감처럼 보였다. 기분이 묘했다. 세상 속에서는 그렇게도 심각하고 고통스럽던 일들이 갑자기 별거 아닌 것처럼 느껴졌다. 게다가 집처럼 느껴졌던 반신불수 누더기 몸에서 벗어나 훨훨 날아오르다니, 꿈만 같았다. 몸은 죽었지만, 의식은 깨어 있는 완전한 자유의 세계를 느끼며, 노인은 쾌재라도 부르고 싶었다. 이런 게 죽음이라면 괜히 두려워했다는 생각마저 들었다.

"보이는 세계가 전부가 아니야. 이제부터 진짜 세계를 보여주지."

둘은 구름 장막을 뚫고 창공으로 날아올랐다.

"저기가 세상의 끝이야. 영원한 시간이 시작되는 문이지."

몇 겹의 대기층을 쏜살같이 지나 전혀 다른 공기의 막이 열렸을 때, 그림자가 속삭였다.

노인은 그림자가 가리키는 곳을 보고 경악했다. 거기, 영혼의 세계가 실제로 펼쳐진 것이다! 세상에서는 볼 수 없는, 무어라 형용할 수조차 없는, 밝고 투명한 길이 어둠을 가르며 길고 좁게 이어졌다. 그 길 끝에 찬란한 빛의 문이 있었다. 그 속에서는 기쁨의 에너지가 흘러나와 보기만 해도 마음이 행복감으로 충만했다.

'아, 영혼의 세계가 있었구나! 틀림없이 저곳에 아내가 있겠지. 저곳에 가면 아내를 만날 수 있을 거야. 설사 서로를 몰라본다 해도 상관없어. 같은 곳에만 있을 수 있다면, 영혼으로 느낄 수만 있다면, 그것으로 충분해.'

노인은 가슴이 벅차올랐다. 그런데 그 길을 경계로 양쪽의 바깥 세계는 온통 캄캄한 어둠뿐이었다. 어둠을 가둔 그곳에서는 고통과 비탄의 에너지가 들끓어, 잠깐 쳐다만 봐도 이가 떨리고 혼절할 것 같았다.

"잘 기억해 둬! 언젠가 두 세계 중 한 곳으로 오게 될 테니."

그림자가 엄중히 말했다.

죽음 뒤의 세상이 엄연히 존재한다는 사실이 노인에겐 충격이었다. 빛과 어둠이 극명한 두 영혼의 세계. 그동안 무엇을 진리라 믿으며 살아왔단 말인가. 노인은 이제야 완전한 진리 앞에 선 느낌이었다. 모두가 죽는다는 것. 성공도,

실패도 영혼의 세계에서는 아무런 차이가 없다는 것. 이성으로 생각할 수 있는 건 손바닥보다도 작다는 것….

노인은 이제 죽음이 두렵지 않았다. 오히려 죽음을 두 팔 벌려 환영할 수 있을 것 같았다. 빛의 문으로 자신이 통과할 수 있을지 걱정이 되긴 했지만, 한때 신앙을 가졌던 노인은, '신은 사랑'이라는 걸 믿고 있었다. 죄를 전심으로 회개하면 기꺼이 안아 준다는 것도 알고 있었다. 남은 날들이 너무나도 소중하게 느껴졌다. 비로소 기쁨의 눈물이 주름진 볼을 타고 흘러내렸다.

"이젠 내가 두렵지 않은가?"

그림자가 물었다.

"생명이 태어나는 순간부터 너는 나와 함께했는데 그걸 무시했었지. 죽음이 두려운 게 아니라, 죽음을 준비하지 못한 삶이 두려운 것임을 이젠 알겠네."

노인은 그림자를 마주 보며 대답했다.

흰 숲으로 돌아와 누더기 육체 속으로 다시 돌아왔지만, 노인은 더 이상 자신이 누추해 보이지 않았다. 부자연스러운 몸일지언정 영혼이 들어 있는 귀한 몸이었다.

"소중한 경험을 하게 해 줘서 고맙네. 이제 우리 함께 사세."

노인은 그림자를 초대했다. 죽음을 기꺼이 받아들인 몸은 오히려 가벼웠다. 노인은 한 걸음 한 걸음 내디뎠다. 자유롭고 벅찬 에너지가 온몸으로 퍼져 나갔다.

"이젠 삶도 죽음도 전혀 새로운 의미로 다가오실 것 같네요?"
내 말에 노인은 호탕하게 웃었다.
"허허허, 아주 새롭지요. 죽음이란 게, 낡은 육체를 벗고 영혼의 자유를 얻는 것이니 얼마나 멋진 일이오? 사람들에게 알려주고 싶소. 너무 심각하게 살지 말라고. 욕심도 미움도 훌훌 벗어 버리고 자유롭게 살라고."
죽음에 대한 두려움으로 고통스러워하던 노인의 얼굴은 생기로 빛났다.
일행은 그림자 숲을 나섰다. 모두의 발걸음이 힘찬 걸 보니 그림자의 무게가 가벼워진 모양이었다. 추추가 나를 보며 찡끗 눈웃음을 보냈다.
"나도 그림자를 한번 가져 보고 싶은걸?"
"그럼 천사가 아니라며?"
"천사는 가벼워서 날 수 있나 봐."
내가 웃자, 추추도 따라 웃으며 대답했다.
사람도, 그림자도, 천사도 함께 숲을 내려갔다.

***

늦은 밤, 내 방으로 오자마자 추추는 흥분된 얼굴로 이야기보따리를 풀어놓았다.

"오늘 굉장한 데를 다녀왔어."

"어딜?"

"마음이 아픈 사람들이 함께 사는 곳."

"그곳이 어딘데?"

"사람들은 그곳을 정신병원이라고 불렀어."

뜻밖의 장소였다. 추추가 그곳에서 무얼 보고 왔을지 궁금했다.

"그들은 어떤 사람이라고 생각해?"

추추가 먼저 물었다.

"음, 이해와 보호가 필요한 이들이 아닐까?"

"그들은… 마음이 너무 연해 상처를 받은 사람들이었어. 마음에 맞은 화살을 뽑지 못해 아파하는 사람들이었어."

추추는 일어서서 창밖을 보며 말했다.

"거기서 특별한 사람이라도 만났니?"

"응. 어떤 아저씨를 만났어."

추추는 눈을 반짝이며 말했다.

"아저씨는 나를 보고도 놀라워하지 않았어. 꿈에서 천사를 자주 봤대."

"그래?"

아마도 망상장애가 있는 사람 같다고 생각하다가, 얼른 추추의 말에 귀를 기울였다.

"아저씨 마음엔 별들로 가득했어."

"별?"

"응. 아저씨는 매일 별들과 얘기하고 별들과 여행한대. 별들은 거짓말하지 않고, 싸우지도 않고, 서로서로 빛나게 해 준대. 아저씨는 그런 별들과 친구래. 무척 행복해 보였어."

"그랬구나."

추추는 다른 만남도 들려주었다. 그러고는 이렇게 덧붙였다.

"그곳은 갇혀 있지만, 갇히지 않은 사람들이 많았어. 그런데 세상은 갇히지 않았지만, 갇힌 사람들이 너무 많아."

추추의 말을 들으며, 나는 지금 어디쯤 있을까, 생각이 깊어지는 밤이었다.

다섯 번째

의미의 숲
삶의 방향을 찾는 여정

나무들은 바싹 마른 품을 열어 가지마다 새싹을 움 틔우고 있었다. 이제 조그만 싹들은 연한 이파리로, 연한 이파리는 초록빛 짙은 무성한 잎사귀로 변해 비아람 숲을 뒤덮을 것이다. 일행은 조금 가벼워진 옷차림으로 오솔길을 올랐다. 가다가 검은 돌비를 만나면 쓰다듬으며 먼지를 털어 주거나, 껴안아 주기도 했다.

이윽고 다섯 번째 돌비가 정겹게 우리를 맞았다. 돌비 앞면엔 고치를 찢고 막 날아오르는 나비 한 마리가 그려져 있었다. 인고의 시간을 이기고 날갯짓을 시작한 하얀 나비. 그 아래엔 이렇게 쓰여 있었다.

'의미의 숲.'

"삶은 경험으로 이루어지지요. 긍정적이든 부정적이든 모든 경험은 어떤 가치를 지니며 우리 삶을 완성해 갑니다. 여러분에게 지난 삶은 어떤 의미가 있나요? 남은 삶은 어떤 가치를 추구하며 살고 싶나요? 이곳에서는 그 질문에 답을 찾아가는 시간이 되실 거예요."

나는 사람들을 향해 말했다.

돌비 뒤로 붉은 나무들이 아치형 터널을 이루며 길게 이어졌다. 나를 따라 붉은 나무 터널 속을 걸어오던 사람들이 고개를 갸우뚱했다. 외양은 분명 고통의 숲에서 보았던 부러지고 상한 나무들인데, 의미의 숲 나무들은 모두가 춤을 추고 있었기 때문이다. 부러진 건 부러진 대로, 상한 건 상한 대로 온몸을 신나게 흔들고 있었다.

"이제 요정들이 나타나 여러분을 도와줄 거예요. 모두 멋진 여행이 되길 바랍니다."

나는 일행을 숲속으로 떠밀며 말했다.

"와! 너무 즐거운 곳이야."

추추가 몸을 흔들며 내게 다가왔다.

"그렇지? 우리도 춤춰 볼까?"

추추와 나는 손을 잡고 마음의 리듬에 몸을 실었다.

✻ ✻ ✻

삶의 의미는 무엇인가.
자기완성에 의미를 둔다면, 행복과 불행의 경계는 사라질 것이다.

✻ ✻ ✻

시간이 흐른 뒤, 나는 일행을 숲속에 있는 정자로 모두 모이게 했다.

"지금까지는 각자가 내면을 돌아보는 시간을 가졌다면, 오늘은 느낀 바를 함께 나누었으면 해요. 이제는 모두 그런 에너지가 어느 정도 생겼으리라 믿어요."

나는 그들을 둘러보며 말했다.

"네, 이런 시간도 참 좋은 것 같군요. 저는 이번 여행을 통해 모르는 사람과도 나이와 성별을 떠나, 마음을 열고 친해질 수 있다는 게 신기하더군요."

중년 남자가 말했다.

"맞아요. 저도 여러분 덕분에 이 여행이 편안했다오. 노인이라고 따돌리지 않고, 다들 친절하게 대해 줘서 고마워요."

노인도 웃으며 말했다.

"좋습니다. 그럼 어느 분이 먼저 의미의 숲 경험담을 들려주시겠어요?"

내 말에 그들은 미소를 띠고 서로를 바라보았다.

"제가 먼저 해도 될까요?"

젊은 여성이 수줍게 말했다. 모두 고개를 끄덕이며 동의를 표했다.

"사실 비아람 숲에 오기 전까지, 사람이 많은 자리에서 제 얘길 하는 건 상상할 수 없는 일이었어요. 근데 제가 좀 변한 것 같아서… 정말 그런지 시험해 보고 싶어요."

그녀의 목소리가 점점 또렷해져 갔다. 내성적인 성격으로 고민하던 그녀에게 이런 용기가 생겼다는 게 더없이 기뻤다. 나는 격려의 눈빛을 보냈다. 모두가 시선을 모으고 그녀의 말에 집중했다.

의미의 숲으로 들어간 젊은 여성은 얼마 뒤, 키 작은 장미나무를 발견했다. 고통의 숲에서 본, 바짝 마르고 시든 겨울 장미였다. 그런데 그 속에서 낭랑한 웃음소리가 흘러나왔다.

"넌 누구니? 무엇이 그렇게 즐거워?"

그녀가 못마땅한 얼굴로 물었다.

"즐겁지 않을 게 뭐예요? 칼라파타마라나."

잠자리처럼 생긴 작고 귀여운 요정이 알아들을 수 없는 말을 하며 기지개를 켰다.

"안녕! 난 의미 요정 마리예요."

요정은 사뿐히 날아와 날개를 팔랑거렸다.

"의미 요정 마리?"

그녀는 잔뜩 경계하며 초록 머리를 늘어뜨린 요정을 바라보았다.

"칼라파타마라나. 난 모든 죽어 가는 것에서 의미를 일깨워요."

"그래? 그럼, 이 시들어 버린 장미 나무엔 무슨 의미가 있지?"

그녀가 짓궂게 물었다.

"지금은 쉬고 있을 뿐, 곧 깨어날 거라는 걸 당신도 알잖아요? 올겨울은 유난히 추웠죠. 지난봄보다 더 깊은 자태와 향기를 뿜을걸요."

요정은 장미 나무 주위를 한 바퀴 가볍게 날며 대답했다.

"대부분 식물이 다 그렇지 뭐, 그게 특별한 것도 아니잖아?"

"어머나, 특별하지 않다니요?"

요정은 얼굴까지 붉히며 목소리를 높였다.

"죽음과 맞서 싸우는 게 특별하지 않다고요? 온 힘을 다해 생명을 붙잡는 게 특별하지 않다고요? 보이지 않는 봄을 소망하는 게 정말 특별하지 않단 말이에요?"

"그, 그래. 알았어."

그녀는 그만 뻘쭘해져서 한발 물러서야 했다.

"아까 네가 모든 죽어 가는 것에서 의미를 일깨운다고 했지? 그럼… 내게도 도움을 줄 수 있니?"

요정은 그제야 만족한 듯 발끝까지 내려온 초록 머리를 쓸어내리며 대답했다.

"그럼요, 기쁜 말이네요. 먼저 눈을 감고 당신의 삶을 되돌아보세요."

그녀가 눈을 감은 사이, 요정은 부드러운 곡조의 노래를 부르기 시작했다. 감미로운 선율을 따라 지난 삶이 파노라마처럼 그녀의 머릿속에 떠올랐다.

"당신은 어떻게 살아왔어요?"

요정 마리가 물었다.

"난 나 자신을 학대해 왔어. 내가 나를 믿었다면 무슨 일이든 잘 해냈을 텐데… 후회가 돼. 비아람 숲에 와서야 알게 됐지. 나를 망친 건 나 자신이란 걸."

"망치다니요? 자신을 학대한 삶에서도 의미는 찾을 수 있어요."

"의미라고? 위로하려 애쓰지 마. 그런 내게 무슨 의미가 있겠어?"

"잘 생각해 봐요. 영혼의 밤을 지나며 당신은 어떤 힘을 기를 수 있었을 거예요."

그녀는 생각을 더듬어 보았다.

"글쎄, 음… 아마도 나에 대한 고민을 많이 하다 보니, 내성적인 사람들이나 소외당하는 소수자의 마음을 누구보다 잘 이해하고, 공감할 수 있을 것 같긴 해. 감수성과 직관력도 더 발달한 것 같고."

"그게 작은 힘인가요?"

"그렇진 않지만…."

"그건 오직 당신 삶이 빚어낸 의미예요. 그런 의미는 사명으로 인도하는 문이지요."

"사명?"

"모든 생명은 다 사명이 있어요. 장미 나무는 꽃과 향기를 피우는 사명이 있고, 요정들은 의미를 찾아 주는 게 사명이지요. 당신이라서 할 수 있는 일, 당신이기 때문에 해야 하는 일. 우리는 그걸 사명이라 불러요."

요정 마리가 진지한 목소리로 말했다.

그녀는 갑자기 사명이라는 거창한 말에 얼떨떨했다.

"내게 무슨 사명 같은 게 있겠어? 그런 건 능력이 많고, 훌륭한 사람들한테나 있는 거지. 난 평범하다 못해 잔뜩 주눅이 들어 살아왔을 뿐이야."

"사명은 거창한 게 아니에요. 자기 안의 힘을 가치 있게 바꾸는 것. 그걸로 충분해요."

그녀는 깊은 생각에 잠겼다. 지금껏 자기 문제로 괴로워만 해 왔지, 자신 안에 힘이 있다거나 무언가에 이바지할 수 있을 거라고는 생각해 본 적이 없다.

"마리 요정! 내 삶이 무의미하지만은 않았다는 걸 알게 해 줘서 고마워. 더 고민해 볼게. 나라서 할 수 있는 일, 나이기 때문에 해야 하는 일…."

"호홋, 오늘도 난 내 사명을 잘 해낸 것 같네요. 만나서 즐거웠어요. 칼라파타마라나."

요정은 초록 머리를 하늘거리며 장미 나무속으로 사라졌다.

이야기를 마친 뒤 젊은 여성은 일어서서 선언하듯 사람들에게 말했다.

"저는 오늘 자신을 미워하며 살아온 지난 삶에도 의미가 있다는 걸 알게 되어 기쁩니다. 아니, 오히려 그렇게 살아왔기 때문에 나만이 할 수 있는 일이 있을 것 같아 가슴이 벅찹니다. 오랜 세월 나는 나를 사랑하지 못했어요. 늘 가면을 쓰고 다른 사람을 부러워하며 살아왔지요. 내 안엔 좋고 빛나는 것들이 하나도 없는 줄 알았어요. 그러나 이젠 알아요. 세상의 꽃들이 저마다 아름답듯 나 역시 아름답다는 걸. 이젠 말할 수 있어요. 내가 나여서 참 좋다고! 내 속에 있는 나의 모든 것들과 나를 나로 살아가게 해 준 비아람 숲에 진심으로 감사합니다."

일행은 그녀에게 뜨겁게 박수를 보냈다.

"멋진 이야기예요."

노인이 말했다.

"정말 의미 있는 고백이네요."

청년도 감동의 눈빛으로 말했다.

그녀가 활짝 웃으며 목례했다.

다음엔 중년 남자가 손을 들었다. 모두 그에게 시선을 집중하고 귀를 기울였다.

***

중년 남자는 물푸레나무 앞으로 다가갔다. 고통의 숲에서 보았던 나무와 외양은 같았으나, 분위기는 왠지 달라 보였다. 그때 나뭇가지 위에서 요정이 깨어났다.

"칼라파타마라나. 안녕! 난 의미 요정 얀이에요."

푸른 머리를 위로 쭈뼛 말아 올린 요정은, 콧노래를 부르며 빙글빙글 춤을 추었다.

"요정이라고? 이런 메마른 나무속에 살면서도 춤을 추다니, 이상하군."

그는 눈을 흘기며 핀잔을 보냈다.

"보이는 것 너머 진실이 있어요. 내 나무는 지금 성장하고 있는걸요."

"성장 중이라고?"

"그럼요. 빛과 물을 안으로 안으로 끌어들여, 더 푸른 가지를 내려 애쓰고 있다고요."

그가 대꾸할 말을 잃자, 요정은 가지에 올라앉아 부드럽게 말했다.

"당신도 의미를 찾고 싶은 거지요? 내가 도와줄게요."

사실 의미의 숲에 들어오면서부터 그는 마음이 복잡했다.

대체 자기 인생에 무슨 의미가 있는지 알 수가 없었다.

"눈을 감고 잠시 당신의 삶을 돌아보세요. 그 삶은 어떤 모습을 하고 있나요? 냄새는요? 맛은 어때요? 어떤 말이 들리나요?"

그는 사십여 년의 삶을 회고해 보았다.

"비바람이 몰아치는 돌산에서 안식을 찾아 헤매는 늑대 한 마리가 보이는군. 몹시 지쳐 보여. 터벅터벅 걷는 발자국마다 짙은 외로움의 냄새가 배어 있네. 맛은 쓰다 못해 독하군. 누군가가 '넌 실패작이야' 그렇게 비웃는 것 같아."

그는 자조적인 목소리로 말했다.

"그래도 아직 남아 있는 한 가지, 그게 무얼까? 당신에게 남아 있는 희망, 그게 무얼까?"

그와 달리 요정 얀은 명랑한 곡조로 노래하듯 말했다.

"지금 날 놀리는 거냐?"

"당신이 찾아야 할 의미, 굶주린 늑대에게 물어보아요."

그의 고함에도 요정은 노래를 불렀다.

"난 도저히 모르겠어. 그러니 네가 말해 줘."

"좋아요, 그럼."

요정은 돌연 정색하며 말을 이어 갔다.

"당신은 어떤 상황에서도 생명을 포기하지 않았어요!"

"뭐?"

"당신은 살아 있다고요! 그 자체가 희망이고 의미예요."

어머니가 어린 그를 두고 떠났을 때, 사고 후 다리를 절단했을 때, 자식을 가질 수 없다는 진단을 받았을 때, 아내의 외도 사실을 알았을 때, 퇴직 통보를 받았을 때, 그는 죽고 싶었다. 행동으로 옮기려고도 했었다. 하지만 그는 죽을힘을 다해 살아왔다. 왜, 무엇 때문에 살아왔는지는 자신도 모른다.

"살아 있는 게 의미라고?"

그는 놀란 표정으로 물었다.

"그럼요. 당신은 자살 대신 삶을 선택했어요. 그 힘을 믿어 봐요. 그 힘은 무엇이든 가능하게 해요. 행복을 원하면 행복을, 기쁨을 원하면 기쁨을 불러오죠."

"글쎄, 난 그냥 버텼을 뿐이야. 그게 뭐 대단한 힘인지 모르겠네."

그는 요정이 괜히 기운을 북돋워 주려고 하는 빈말이 아닌가 싶었다.

"당신은 파괴적인 삶을 살 수도 있었지만, 자신이 할 수 있는 최선을 다해 살아왔어요. 그건 대단한 거예요. 그 힘으로 새로운 의미를 창조할 수 있어요. 당신이 원하고, 세상에도 이로운 일을 생각해 보세요."

요정의 눈은 진실되고 미더웠다. 그제야 그는 깊이 생각해 보았다.

'내가 진정 원하는 삶은 어떤 것이지? 고아와 같이 버려진 삶, 불신과 증오로 얼룩진 삶, 춥고 가난하고 황량한 삶 속에서도 내가 꿈꾸던 건 무엇이었지? 나는 늘 행복을 원했지. 행복…. 그건 내겐 불가능한 꿈이었어. 때론 돈이 행복을 가져다준다고 믿었지. 돈만이 나를 지켜 줄 수 있다고 믿었어. 하지만 돈을 쫓는 동안, 행복은 손가락 사이로 빠져나가 버리더군. 때론 사랑을 좇으며 살았어. 하나 사랑이란 감정도 물거품처럼 사라져 버렸지. 때론 건강에 집착했지만, 불의의 사고는 막을 수 없었어.'

깊은 생각에서 빠져나온 그는 요정을 보며 말문을 열었다.

"난 아직 세상을 위한 선한 일이 무언지 모르겠어. 다만 앞으로는 내게 주어진 하루의 행복을, 순간의 의미를 잃지 않고 싶구나."

"후훗, 자기 앞의 삶을 잘 가꾸는 것, 그게 시작이에요. 우리 춤출까요?"

그는 천천히 일어섰다.

그간 춤을 추지 못한 건 몸이 아니라 마음 때문이란 걸 알

앉다. 두 팔을 들어 올렸다. 요정 얀과 그는 손을 잡고 한 몸이 되어 움직이기 시작했다.

이야기를 마치고는 중년 남자도 일행을 향해 일어섰다.
"저는 외로웠고, 사랑받고 싶었고, 의지할 상대가 필요했습니다. 아내도 마찬가지였다는 걸 이제는 압니다. 우린 둘 다 사랑을 지키고 가꿀 힘이 없었던 거지요. 저는 그간 행복한 적이 별로 없습니다. 눈물과 고통만 내게 허락되었다고 생각했습니다. 하지만 새로운 나를 만들어갈 수 있다는 걸 비아람 숲에서 배웠습니다. 이제 다시 일어나 참된 삶을 살고 싶습니다. 참된 사랑도 주고 싶습니다. 내게 생명을 주신 부모님과 나를 버리지 않고 손수 키워 준 할머니, 그리고 외로운 인생길에서 부부의 인연을 맺어 준 아내에게 감사와 사랑을 전하고 싶습니다. 끝으로, 오랜 잠에서 깨어나게 해 준 비아람 숲과 이 여정을 함께한 여러분에게 깊이 감사드립니다."
그의 고백이 감동의 물결을 타고 잔잔하게 퍼져 나갔다. 일행은 온 마음으로 지지와 격려의 박수를 보냈다.
다음엔 J가 손을 들었다. 모두의 시선이 집중되었다.

***

"저는 사람을 믿지 못하고 살았어요. 특히 남자들을 항상 의심과 공포의 눈으로 바라봤지요. 근데 이 여행을 하면서 세상엔 좋은 분도 많고, 조금은 믿음을 가져도 될 것 같다는 생각이 들었어요. 여러분 덕분이에요."

좌중을 둘러보며 인사하는 J의 모습이 편안해 보였다. 이어 그녀는 자신의 이야기를 당당히 들려주었다.

숲속으로 들어갔을 때, J의 눈에 들어온 건 뾰족하게 무리지은 화살나무였다. 고통의 숲에서 그것들은 무참히 꺾이고 속까지 썩어 있었다. 그런데 이곳에서는 뭔가 달라 보였다. 의아해하며 다가가는데 요정이 불쑥 나무속에서 나타났다.

"칼라파타마라나. 안녕! 난 미모예요. 만나서 반가워요."

노란 머리를 땋아 꽃 모양으로 멋을 낸 요정이 밝게 인사했다.

"미모? 이 숲속 나무마다 요정이 살아?"

"모든 나무는 하늘과 땅을 잇는 몸이니까요."

"그런데 왜 이 나무들은 죄다 다치거나 흉한 모습이야?"

"시련과 의미는 한 몸이니까요."

요정 미모가 미소를 보이며 대답했다.

"한 몸?"

"시련 속에서 의미를 발견하면 모든 삶이 축복이죠."

"그럼 고통받는 나무를 일부러 내버리기라도 하는 거니?"

"아뇨. 요정에겐 나무의 시련을 막을 권한이 없어요. 의미를 찾게 도울 뿐이지요."

"의미라니?"

요정 미모는 땋은 머리를 찰랑거리며 J 주변을 날아다녔다.

"음… 당신 이야기를 나누는 게 더 이해하기 쉽겠어요. 당신은 어떤 삶을 살아왔나요?"

J는 멈칫했다.

"당신은 어릴 때 큰 상처를 겪었어요. 그렇지요?"

다행히 요정은 J를 이미 다 아는 듯 말했다.

"그래."

J가 낮게 대답했다.

"지금도 그 상처 때문에 괴로워하고 있어요. 그렇지요?"

"응."

"실은 그때의 일을 깨끗이 잊고 싶은 거예요. 그렇지요?"

J는 고개를 끄덕였다.

"근데 그 상처 자체가 의미일 수 있다는 걸 아세요?"
"…?"
"고통은 삶을 추락시킬 수도, 승화시킬 수도 있어요. 그건 오직 당신 선택에 달렸지요."
그때 화살나무들이 춤을 추기 시작했다. 춤은 군무 같기도 하고, 어떤 의식 같기도 했다.
"무슨 춤을 추는 거야?"
J가 요정에게 물었다.
"이건 당신을 위한 춤이에요. 순수한 영혼을 기리는 춤!"
가슴에 통증이 몰려왔다.
"순수하다는 게 뭔데?"
J는 일그러진 표정으로 물었다.
"순수는 진흙 속에서 피어나는 연꽃과 같아요. 어릴 때의 순진무구함이 일차원적인 거라면, 세상 풍파를 겪은 뒤에도 남아 있는, 그 무엇으로도 해칠 수 없는 영혼의 빛. 그것을 우리는 순수라 불러요."
비로소 가슴이 편안해짐을 느꼈다. 일곱 살 이후로 J는 '순수'라는 단어 앞에서 마치 죄인처럼 꼼짝도 할 수 없었다. 이제야 순수의 참 의미를 깨친 것 같았다.
"난, 내가 여전히 순수하다는 걸 알아!"

J의 말에 요정이 미소를 띠었다.

"자기 영혼에 대해선 자신이 가장 잘 알지요. 당신이 그렇게 느낀다면 그건 진실이에요."

J는 가슴이 뿌듯했다. 더는 자신을 부끄러워하지 않아도 될 것 같았다.

"나도 춤춰도 될까?"

"그럼요."

요정 미모는 J의 손을 잡고 화살나무 사이로 들어갔다. 화살나무들은 J를 환영했다. 겉으로 보기엔 뾰족하고 볼품없었지만, 그 속은 사랑의 에너지로 충만했다. 그들의 춤사위는 정의든, 진실이든, 순수든 그 어떤 이름으로 불러도 좋을 것 같았다. 상처 난 몸들이 거기 모여 아름다운 정신으로 빛나고 있었다.

J가 왜 그렇게 화살나무의 춤에 매혹되었는지 사람들은 잘 모르는 눈치였다.

J가 일어섰다.

"나는 성폭력 생존자입니다."

마침내 J는 자신을 사람들 앞에 드러냈다.

"나는 오랫동안 기억장애와 신경증을 앓았습니다. 내 삶을 짓밟은 사람은 바로 외삼촌입니다. 그 사람은 지금 알코올성 치매로 요양원에 있습니다. 한평생 사람답게 산 적이 없지요. 나는 그를 증오할 수도, 단죄할 수도 있지만, 이제는 내 인생에서 조용히 지워 내겠습니다. 엄마는 나를 지켜 주지 못했어요. 원망한 적도 많았지만, 이제는 엄마에게도 기대지 않겠습니다. 나는 더 이상 나 자신을 괴롭히지 않을 거예요. 그 일을 부정하기도 했지만, 이젠 상처를 드러내려 합니다. 더 좋은 세상을 만들기 위해 용기를 내겠어요. 과거는 나를 뚫고 지나가 버렸어요. 상처가 내 영혼을 갉아먹었지만, 나는 그것을 딛고 일어나겠어요. 새로운 삶을 시작하게 해 준 비아람 숲과 여러분께 깊이 감사드립니다."

일순 조용했다.

추추가 먼저 박수를 치기 시작했다. 그러자 모두 뜨거운 박수를 보냈다. 옆에 앉은 젊은 여성은 J의 어깨를 토닥였고, 다른 이들도 따뜻한 미소를 보내거나, 엄지를 치켜올리며 J의 앞길을 응원했다.

"이번엔 내가 말해도 되겠소?"

노인이 좌중을 살피며 물었다.

일행은 기꺼이 노인에게 귀를 기울였다.

＊ ＊ ＊

"여러분과 함께한 비아람 숲은 내 인생 마지막 여행일 거요. 모두 따뜻하게 대해 주어 고마웠소. 이 시간을 잊지 못할 겁니다."
이어 노인은 자신의 이야기를 담담히 들려주었다.

숲속 깊숙이에서 늙은 주목이 온 가지를 펼치고, 감격의 얼굴로 춤을 추고 있었다.
"우주의 비밀을 알고 있는 몸짓이로군!"
노인이 다가가며 말했다.
"이 춤의 의미를 자네가 안단 말인가?"
주목은 놀란 눈으로 노인을 바라보았다.
"그림자 숲에서 우주의 진리를 보고 왔네. 그제야 눈이 뜨였지. 그전에는 깨닫지 못한 눈 뜬 자였어."
"그럼, 지금 내가 무얼 하는 것처럼 보이나?"
주목은 의심스러운 눈길로 물었다.
"만물을 지은 창조주께 영광을 돌리고 있지 않았나?"
"허허허, 옳게 보았네."
그제야 노인이 빈말한 게 아님을 알겠는지 주목은 기도의 손을 내리며 말을 이었다.

"숲의 하루하루는 기적이지. 단비와 신선한 공기와 햇빛, 그리고 땅속의 양분 덕택에 우리는 날마다 자라지. 이 자유와 평화의 세계를 마음껏 누리다가, 언젠가는 베어져 인간들 세상으로 가거나, 죽고 썩어 자연의 품으로 돌아갈 테지. 하지만 우리는 다시 어느 씨앗의 양분이 되어 새로운 몸으로 살아날 거야. 생명의 순환과 탄생이 놀랍지 않나?"

"그래, 자네에겐 그게 우주의 진리라고 생각되겠군."

"그럼 다른 게 더 있나?"

주목이 의아해하며 물었다.

"물론 인간의 육체는 자네와 다를 바가 없지만, 영혼은 또 다른 세계가 있지. 영원한 세계…. 내 눈으로 보기 전까진 나도 믿지 않았네."

"영원한 세계라고? 나로선 상상할 수도 없지만, 참으로 부럽군. 그런 권능을 가진 몸이 왜 그렇게 기운이 없어 보이나?"

"너무 헛산 거 같아서 그래. 진리를 알고 나니 오히려 두렵고 떨리네."

그때 주목 안쪽에서 은빛 날개를 단 요정이 살포시 몸을 일으켰다.

"칼라파타마라나. 안녕! 난 의미 요정 지나예요. 두 분의 말소리에 깨어났지 뭐예요, 후훗."

양 갈래 붉은 머리를 나뭇잎으로 장식한 요정이 명랑하게 웃으며 말했다.

"제가 할 일이 생겨서 기뻐요."

요정의 등장에 노인은 깜짝 놀랐다.

"네가 요정이로구나? 그림에서나 보았지 내 눈으로 직접 볼 줄은 몰랐네. 이 숲에 들어올 때 요정이 도와줄 거라고 듣긴 했지만, 무얼 돕는다는 거지?"

"당신의 가치를 찾아드리죠!"

요정 지나는 노인의 어깨에 살짝 앉아 속삭였다.

"가치? 나 같은 무지렁이 늙은이에게 가치는 무슨?"

노인은 콧방귀를 뀌었다.

"당신은 몇 년을 살았나요?"

요정은 주목의 가지에 앉아 노인을 마주 보며 물었다.

"팔십 년을 살았지."

"어떤 일을 했나요?"

"우리 때야 워낙 가난해서 가족을 먹여 살리기 위해선 뭐든 해야 했어."

"도둑질하고 남을 해치는 일도 했나요?"

"아니. 난 굶을지언정 그런 짓은 못 해."

"당신은 한평생 거짓 없이, 성실하게 살아왔군요. 그게 가치 없는 삶일까요?"

요정이 웃으며 물었다.

"음…."

"가난한 집에서 태어나 어엿한 청년으로 성장하고, 사랑하는 사람을 만나 한 생명을 낳고, 그 자식을 온 힘을 다해 키우고, 한 가정의 가장이자 이 사회의 일원으로 최선을 다해 살아온 당신. 그게 의미 없는 삶일까요?"

요정의 말에 노인은 후줄근하게만 보이던 자기 인생이 조금은 달라 보이는 듯했다.

"그런데 난 내 할 일을 다 하지 못했어. 지난 세월이 후회스러워."

노인이 우울하게 말했다.

"어떤 게 후회스럽나요?"

"난 열심히 살긴 했지만, 땅의 것만을 위해 살아왔어. 아껴 주고 사랑해야 할 가족한테도 몹쓸 짓을 했지."

노인은 한숨을 내쉬며 이야기를 이어 갔다.

"내 아내는 참 순했어. 화낼 줄을 몰랐지. 이제 와 생각하니, 마음이 넓어서 못난 나를 다 받아 준 거였는데, 난 내가 잘난 줄 알고 기고만장했지 뭐야. 참 어리석었어. 사람들은 나쁜 일을 저질러야만 죄라고 생각하지만, 크든 작든 남의 마음을 아프게 한 건 다 죄야. 내가 상처 받고 싶지 않은 만큼, 상대도 상처 받기 싫을 거 아니야? 아들한테도 잔소리만 했지, 그 아이 말에 귀 기울여 준 적이 없어. 돌아보니 미안한 것 투성이야."

"언젠가 은하수의 별 하나가 길을 잃고, 이 숲속 옹달샘에 떨어진 적이 있어요. 그때 '영원의 세계'에 대해 들려줬어요. 은하수에 비할 데 없이 아름다운 그곳은 죄 없는 영혼이 아니라, 죄를 용서받은 영혼이 들어가는 곳이래요. 아직 남은 날들이 많은데 무슨 걱정이에요?"

"내게 한 일 년쯤이나 남아 있으려나?"

"일 년이면 꽃이 한 번 졌다가 다시 피어, 열매를 맺고 씨앗을 퍼트리는 긴긴 시간이에요. 얼마나 많은 일을 할 수 있는데요."

"아내가 지금 자네에게 뭐라고 할 것 같나?"

노인과 요정의 대화를 가만히 듣고 있던 주목이 노인에게 넌지시 물었다.

"허허, 춤이나 추라고 할 것 같은데?"

노인은 겸연쩍게 웃으며 대답했다.

주목이 노인에게 손을 내밀었다.

"그럼, 일단 우리 춤부터 출까? 그러다 보면 할 일이 떠오를 테지."

주목은 요정 지나와 노인의 손을 잡고 흔들었다. 한 몸이 된 그들은 차츰 흥겨운 경배의 세계로 빠져들었다.

노인은 다음과 같은 말로 이야기를 마쳤다.
"사실 비아람 숲에 오기 전까지는 아들 내외에게 참 서운했어요. 나는 복도 없는 늙은이라고 한스러워하기도 했지요. 그러나 가만 돌이켜보니, 아들을 키우면서 얻은 기쁨은 그에 비할 데가 없어요. 얼마나 영특하고 착했는지 그 아인 내 자랑거리였다오. 그런 아이가 내 아들로 와 주다니 정말 감사한 일이지요. 더구나 늘그막에 이렇게 나를 다듬질할 귀한 시간까지 갖게 되었으니, 아들 내외가 준 고통까지도 감사할 따름이라오. 힘들고 어려운 세월도 지나 보니 다 그리운 추억이에요. 다시 못 올 시간이지요. 이제 내 생명이 얼마나 남았을지 모르지만, 용서를 빌 사람에게 용서를 빌고, 사랑하는 가족을 더 많이 사랑하면서 죽음 이후의 삶을 준비하려 합니다. 무엇보다 내가 본 영원의 세계를 많은 사람에게 알려 주고 싶어요. 이것이 내 남은 삶을 의미 있게 마무리하는 길이라고 생각합니다. 여러분을 포함하여 내 생전에 함께한 모든 인연들에 진실로 감사한 마음입니다."

노인의 말을 들으며 모두가 숙연해졌다. 잠시 후 그들은 함빡 웃으며, 잊었던 박수를 뜨겁게 치기 시작했다.

***

마지막으로 청년의 차례가 되었다.
"이 여행은 저에게 어떻게 살아야 하는지를 알게 해 주었습니다. 오솔길을 함께 오르고, 쉼터에서 따뜻한 시간을 허락해 준 여러분, 고맙습니다."
청년은 꾸벅 인사한 뒤, 자신의 이야기를 시작했다.

"칼라파타마라나. 안녕! 난 의미 요정 샘이에요."
짧은 갈색 머리에 유별나게 까만 눈동자를 지닌 요정이었다. 등 굽은 소나무 꼭대기에서 요정 샘이 날아 내려왔을 때, 청년은 놀라기보다는 꼭 도움을 받고 싶은 게 있었다.
"난 지금 머릿속이 뒤죽박죽이야. 내 고민을 풀어 줄 수 있니?"
청년이 간절한 눈빛으로 물었다.
"샘이 가장 좋아하는 게 질문이죠. 무엇이든 물어보세요."

청년은 요정 샘과 소나무 그늘 아래 마주 앉았다.

"난 모르겠어. 세상엔 대립하는 게 너무 많아. 한쪽에선 '비판과 정의'를, 다른 쪽에선 '수용과 포용'을 말하지. 어떨 땐 '성장과 변화'가 중요하다 하고, 어떨 땐 '그대로의 자기'를 수용하라고 해. 상대방에게 '공감'을 하라 하고는 '자기주장'을 펴라고도 해. 어떤 이는 '함께'가 중요하다 하고, 어떤 이는 '고독'해야 한다고 하지. 개인의 '자유'와 '방종'은 경계선이 희미하고, '여유'와 '나태'도 기준이 명확하지 않아. '자국의 이익'과 '세계의 평화'도 공존하기 힘들고, '나의 이익'과 '집단의 이익'은 대부분 상충하지. '행동해야 할 때'와 '내려놓아야 할 때'를 구분하기 힘들고, '사랑과 용서'가 '자기 포기'를 의미할 때도 있어. 과연 선택해야 하는 매 순간 무엇이 옳고, 최선인지 어떻게 확신할 수가 있지?"

"질문은 생각을 낳고, 생각은 행동을 낳지요. 질문하지 않을 때가 가장 위험해요."

요정은 즉답 대신 질문의 중요성에 대해 먼저 언급했다. 청년도 그 말에는 수긍했다.

"맞아. 사람들은 질문을 잘하지 않아. 혼자 판단하고 지레짐작하기 때문에 오해가 난무하고, 더 깊은 관계가 되지 못하는 것 같아."

"질문의 방향에 따라 대답은 달라지죠. 긍정적인 질문을 해야 긍정적인 대답이 나오죠."

"긍정적인 질문? 예를 들어 줘."

"후훗, 간단해요. 당신이 자신에 대해 질문할 때 '왜 나는 이 모양일까?'와 '어떻게 하면 나아질까?' 두 가지에 따라 대답은 확연히 달라지겠죠?"

"그렇군."

청년이 머리를 끄덕였다.

"아까 선택해야 하는 순간마다 무엇이 옳고, 최선인지 어떻게 확신할 수 있냐고 물었죠? 그 질문들 속엔 두 개의 세계가 대립해 있지만, 모두 소중한 가치들이죠. 상황에 따라 분별하고 통합할 수 있어야 해요."

"네 말을 들으니 한 신학자의 기도가 생각나네. 그는 '변화시킬 수 없는 것은 받아들일 수 있는 평온함을, 변화시킬 수 있는 것은 변화시킬 수 있는 용기를 주시고, 이 둘을 분별할 수 있는 지혜를 달라'*고 했지."

"좋은 기도군요. 비판과 정의가 필요한 순간이 있고, 수용과 포용이 필요할 때가 있지요. 그대로의 자기를 받아들인

---

*미국의 신학자 라인홀드 니버(1892~1971)의 기도문 중 일부 내용

다고 해서, 성장과 변화를 하지 않아도 된다는 건 아니에요. 상대방에게 공감하면서 동시에 자기주장을 할 수 있어야 하고, 함께의 즐거움과 고독의 자유를 누릴 수 있어야 해요. 혼란스럽고 갈등도 많겠지만, 언제나 놓치지 말아야 할 한 가지 질문이 있어요."

"그게 뭔데?"

"이것은 선한 행동인가?"

"충분히 중요한 질문이긴 한데, 어떤 것에 가치를 두느냐에 따라 선한 행동의 기준도 달라지지 않겠어?"

"맞아요. 그래서 삶의 의미가 중요한 거예요."

"삶의 의미?"

"네, 당신에게 가치 있는 삶은 무엇인가요?"

갑자기 어려운 숙제를 받은 아이처럼 청년은 머리가 무거웠다. 학창 시절 열심히 공부했고 성공을 위해 달려왔지만, 깊은 곳에서 우러나는 열정이 있었던 건 아니었다. 어쩌면 인생을 '성공'과 '실패'로만 보았지, '경험'의 차원으로는 생각하지 못했던 건지도 모른다.

"내가 다른 길을 간다면, 남들은 지금까지의 내 삶을 실패라고 하겠지?"

"남의 말은 중요하지 않아요. 그건 자아와 일치된 삶을 찾기 위한 성공의 길이지요."

요정 샘이 청년의 용기를 지지했다.

"정말 그럴까? 난 비아람 숲 여행을 통해 내 삶을 너무 좁은 틀 속에 가둬 왔다는 걸 알았어. 이제 내 인생의 의미는 내가 스스로 만들어 가고 싶어. 누가 뭐라 해도 내 느낌은 내게 옳은 것이고, 그 옳은 느낌을 따라가고 싶어."

"선한 행동에 대한 질문을 잊지 말아요! 가치 있는 삶에 대한 질문도 잊지 말아요!"

"고마워. 늘 질문하고 답을 구하면서 앞으로 나아갈게."

"멋진걸요. 그럼 우리 춤출까요?"

"좋아!"

둘은 깔깔대며 소나무 주위를 신나게 돌았다. 늙은 소나무도 흐뭇하게 웃고 있었다.

청년은 일어서서 웅변조로 이야기를 마무리했다.

"나를 교묘하게 길들이고 억압했던 권력과, 그 권력에 의지했던 내 허약한 자아에 이젠 작별을 고합니다. 나는 성공하고 싶었고, 이 사회의 주류가 되고 싶었습니다. 열심히 달려 최고봉에 도달했지만, 거기엔 내가 원하는 게 없었습니다. 나는 절망했고 인생이 끝장날까 봐 두려웠습니다. 그러나 저는 그 과정 덕분에 세상의 허위를 제대로 볼 수 있었습니다. 욕망의 탑에 올라가 보았기 때문에 더는 그것에 연연하지 않게 되었습니다. 이젠 압니다. 세상엔 무수한 길이 있고, 다시 새로운 길을 가면 된다는 것을요. 저는 남에게 보이는 삶이 아닌, 진실로 내가 만족한 삶을 살고 싶습니다. 이 사회의 이방인이 될지라도 진정한 내 삶을 살고 싶습니다. 본래의 나를 찾도록 도와준 비아람 숲에 깊이 감사드립니다."

청년다운 기개로 말을 마친 그에게 박수가 쏟아졌다. 앞으로 어떤 길을 가더라도 모든 경험은 그에게 가치 있는 일이 될 것임을 믿는 박수일 터였다.

"인생이란 게 전혀 뜻하지 않은 길로 가게 될 때도 있지만, 오히려 거기서 보물을 발견하기도 하지. 그게 우연인지, 운명인지, 신의 섭리인지는 모르지만. 암튼 늦게 간다고 늦은 것도 아니고, 빠르게 간다고 빠른 것도 아니야. 다 자기만의 길과 때가 있는 법이지."

노인이 청년의 등을 토닥이며 말했다.

"하나를 잃으면 하나를 얻고, 하나를 얻으면 하나를 잃는 게 세상사 아닙니까. 무엇을 버리고 무엇을 취하느냐가 중요할 거 같네요. 새옹지마란 말도 있으니 잘된다고 으스댈 필요도 없고, 힘들다고 안달할 필요도 없을 것 같아요."

중년 남자도 한마디 덧붙였다.

"모두 좋은 말씀 감사합니다. 이렇게 마음을 열고 나눌 수 있다는 것 자체가 의미 있는 삶이겠지요. 우리는 살면서 누군가 내게 잘못하거나 상처 준 것들만 생각하기 쉽습니다. 그러나 돌아보면 내가 받은 것이 더 많지요. 모든 삶에 감사하며 자기의 온전함을 이루어 가는 것. 그것이 인생의 참 의미가 아닐까 싶습니다."

나는 용기 있게 자신의 이야기를 들려준 모두에게 끝으로 인사를 전했다.

모두 일어나 어깨춤을 추기 시작했다. 그들은 어울려 저물도록 춤을 추고 노래를 불렀다. 충분히 의미 있고, 충분히 행복한 하루가 거기 멈춰 흐르고 있었다.

***

오늘 밤엔 추추가 모처럼 밝은 얼굴로 내 방에 왔다.
"기분이 좋아 보이는데 어딜 다녀온 거니?"
"오늘은 아주 멋진 사람들을 만났어."
"그래? 어떤 일이 있었는지 궁금하네."

"숲 너머 저쪽 작은 마을로 날아갔는데…."
추추는 신나게 이야기를 들려주기 시작했다.

추추가 처음 만난 사람은 어스름 속에서 손수레를 끌고 가는 한 할머니였다. 할머니는 허리가 구부정하게 휘고 수척해 보였다. 손수레에는 종이상자가 수북이 쌓여 있어서 꽤 무거워 보였다. 추추는 뒤에서 몰래 힘을 보탰다. 할머니는 근처 고물상으로 가서 그것을 종이돈 몇 장과 바꿨다. 추추는 할머니를 계속 따라가 보기로 했다.

할머니는 빈 수레를 끌고 골목을 돌고 돌아 외진 곳으로 들어갔다. 추추도 할머니를 따라 어둑한 지하로 내려갔다. 할머니는 방문을 열고 들어가 불을 켰다. 아무도 없는 작은 방이었다.

"다녀왔어요. 오늘 벌이는 삼천 원이에요. 비가 안 와서 다행이지 뭐예요. 호호, 이제 저녁 먹을게요."

할머니는 벽에 걸린 할아버지 사진을 보며 말했다.

밥과 두어 가지 반찬이 놓인 소박한 밥상이었다. 수저를 들기 전에 할머니는 두 손을 조용히 모았다.

"주님! 오늘도 감사합니다. 이 세상 누구도 굶지 않게 하시고, 모든 이에게 평화를 주옵소서. 아멘."

추추는 할머니의 모습을 가슴에 간직했다. 이 땅에서 본 가장 거룩한 모습으로.

두 번째 만난 사람은 허름한 옷차림을 한 아저씨였다. 할머니네 집에서 나오는데 그가 집 앞에 몰래 상자를 두고 가는 것이 아닌가. 추추는 그의 뒤를 따라가 보기로 했다.

그는 길가에 세워 둔 낡은 트럭에서 상자들을 꺼내 들고, 좁은 골목을 걸어 올라갔다. 할머니네 집 말고도 그 옆집, 앞집과 뒷집에도 상자 하나씩을 몰래 놓고 재빨리 트럭이 있는 곳으로 내려가곤 했다. 그렇게 삼십여 차례를 움직이는 동안 트럭도 비어 갔다. 추추는 너무도 궁금해서 날개를 접고 아이의 모습으로 다가갔다.

"아저씨!"

"어? 누, 누구니?"

인적이 없는 늦은 밤이라, 그는 깜짝 놀란 모양이었다.

"아저씨, 궁금한 게 있는데 아까 상자들은 뭐야?"

"무슨 상자 말이냐?"

"저 골목에 있는 집들 앞에 다 갖다 놨잖아."

"그걸 봤다고? 저런, 근데 이 밤에 어린애가 집에도 안 가고 어쩌냐. 집이 어디니? 내가 데려다줄게."

"상자 속에 뭐가 들어 있어? 그걸 말해 주면 집에 갈게."

"허 참, 그럼 아무한테도 얘기 안 한다고 약속할 수 있니?"

"약속할게."

"실은, 이 동네엔 형편이 어려운 분들이 많이 살고 있단다. 그래서 필요한 물건들을 담아 한 달에 한 번씩 가져다드리고 오는 거야."

"아무도 몰래?"

"그게 뭐 대단하다고. 그건 그렇고, 네 집이 어디니? 밤이 너무 늦었다. 어서 가자꾸나."

추추는 사르르 한 바퀴 돌아 천사의 모습으로 변했다. 아저씨는 놀라서 입을 다물지도 못했다.

"아저씨를 기억할게. 착한 아저씨! 안녕."

"오늘 밤 그들을 보며 신이 참 기뻐할 거야."

추추는 밝아오는 창밖을 바라보았다. 새벽하늘이 유난히 아름다웠다.

여섯 번째

보이지 않는 숲
참된 평온을 만나는 길

오늘은 이번 여행의 마지막 날이다. 일행은 가장 안쪽에 있는 숲으로 향했다. 길은 폭이 좁아 한 사람씩 걸어 들어가야 했다. 여섯째 숲은 언제나 짙은 안개로 뒤덮여 있었다. 무언가에 걸려 넘어지지 않도록 조심스럽게 걷는 사이, 검은 돌비가 숲 입구에 수문장처럼 나타났다. 이번 돌비에는 지금까지와 달리 아무 그림도 그려져 있지 않았다.
 '보이지 않는 숲.'
 세로로 굵고 깊게 새겨진 비명만이 무슨 암호처럼 안갯속에 고요히 빛나고 있었다.
 "오늘은 가장 근원적인 문제를 다루게 될 것입니다. 여러분 중에는 신을 믿는 사람도 있고, 믿지 않는 사람도 있을 거예요.

하지만 믿든, 믿지 않든 신은 존재합니다. 그렇다면 신은 어떤 분일까요? 어디에 존재할까요? 신과 나는 어떤 관계일까요? 그분을 만나면 모든 답을 한순간에 얻게 될 것입니다. 부디 여러분에게 신의 은총이 있기를 바랍니다."

나는 마지막 숲 입구에 서서 사람들에게 말했다.

사람들은 불편한 기색이 역력했다. 그 마음을 이해 못 하는 바는 아니지만, 나도 어쩔 수가 없었다. 진리를 어떻게 사람의 입맛에 맞출 수 있겠는가. 백 마디의 설명보다 직접 겪을 수 있도록 나는 그들을 돌문 뒤 미지의 숲으로 안내했다.

숲은 한 치 앞도 보이지 않는 안개로 가려져 있었다. 일행은 알 수 없는 힘에 이끌려 아무 소리도, 아무 움직임도 없는 고요의 세계로 발길을 옮겼다.

"신을 만난 적 있어?"

사람들의 모습이 안개에 가려 완전히 사라졌을 때, 추추가 내게로 다가와 물었다.

가슴 벅찼던 그 순간을 어찌 잊을 수 있으랴. 나는 고개를 끄덕였다. 추추가 내 팔을 잡았다.

"어서 들려줘. 그때 있었던 모든 일 다."

십 년 전, 내가 비아람 숲을 발견한 것은 신의 축복이라고

밖에 달리 말할 수 없다.

그때 나는 세상의 거짓과 불의에 몸과 마음이 매우 피폐한 상태였다. 수년간 상담심리사로 일해 온 나는, 내가 몸담은 조직의 위선적인 관료들과 불합리한 제도에 타협하지 못하는 아웃사이더였다. 한 직업인으로서도, 한 사회인으로서도, 한 여자로서도 희망은 전혀 없어 보였다. 차라리 깨끗하게 사라지고 싶었다. 아무도 찾을 수 없는 깊은 산속, 한 줌 흙으로 돌아가고 싶었다.

결국 나는 모든 걸 정리하고 한 번도 가 보지 않은 오지, 원시림과 다름없는 깊은 숲속으로 들어갔다. 굳이 극약이나 자살 도구가 필요하지도 않았다. 의욕을 상실한 몸은 그 자체가 죽은 것과 다름없었다.

물 한 모금 먹지 않은 채, 나뭇가지에 찔리고 바위에 부딪히고 비탈에서 구르기를 반복했다. 자연히 기력은 떨어지고, 이러다 죽는구나 싶었다. 다행이었다. 내가 원한 게 그것이었으니.

늦가을 산속 어둠은 쏜살같이 덮쳐 오고, 기온은 급격히 떨어져 갔다. 눈앞을 가로막는 건 어둠… 어둠뿐. 모든 형체를 집어삼키며 달려드는 악마의 입김 같은 검은 장막은 공포 그 자체였다. 살고 싶다는 욕구 이전에 칼끝 같은 두려움이 심장을 옥죄어 왔다. '이게 지옥인가. 그래, 이런 게 지옥이구나' 하는 생각이 드는 순간, 나는 어느새 신을 찾기 시작했다.

"하나님! 아, 하나님! 제발 도와주세요!"

목젖이 떨어져 나갈 정도로 나는 그분을 부르고 또 불렀다. 그러다가 어느 순간 정신을 잃고 말았다.

꿈인가, 환상인가. 나는 그분을 만났다. 그분은 흰옷을 입고 뒤돌아 서 계셨다. 뒷모습만 보았지만, 누구인지 분명 알 수 있었다. 내가 너무도 놀라 엎드리자, 그분은 갑자기 내 심장에 뜨거운 불덩이를 던지셨다. 헉, 순간 나는 숨 막힐 듯한 뜨거움으로 그 자리에 쓰러졌다.

눈을 떴을 때 내가 처음 본 건, 나뭇잎 사이로 반짝이는 햇살이었다. 평생을 살면서 그 단순한 나뭇잎이, 그 흔하디 흔한 햇살이 그렇게 아름답게 보인 건 처음이었다. 몸을 움직여 보았다. 나는 분명 살아 있었다. 뜨거운 눈물이 볼을 타고 흘러내렸다. 그리고 정말 신기한 건, 내 겉모습은 변한 게 하나 없는데, 내 안은 이루 말할 수 없는 기쁨과 평안으로 충만해 있었다.

"그날 이후로는 그분을 직접 본 적이 없어."

"신은 항상 느낄 수 있는걸."

내 말이 끝나자마자 추추가 말했다.

"항상? 어떻게?"

그런 날이 다시 오기를 내가 얼마나 고대해 왔던가.

"영이 맑으면 돼."

추추는 간단히 대답하고는, 보이지 않는 숲속으로 들어가 버렸다.

* * *

신은, 보이지 않는 실체다.

* * *

보이지 않는 숲에서 신을 직접 보는 건 극히 드문 일이다. 어떤 이는 아무것도 듣거나 보지 못했고, 어떤 이는 안개를 견디지 못하고 숲 밖으로 도망쳐 버리기도 했다.

청년이 내게 다가왔다.

"신이 어디 있다는 겁니까? 그건 나약한 자들이 만들어 낸 우상에 불과합니다."

그가 반박하는 마음을 나는 충분히 이해했다.

"그래요. 미심쩍은 것은 무엇이든 묻고, 스스로 납득할 수 있어야지요. 예전엔 나도 그랬으니까요."

"그럼, 선생님은 그런 회의와 탐색 후에도 신을 인정할 수 있었단 말씀인가요?"

"그럼요, 그렇지 않다면 신이라 할 수 없지요."

나는 웃으며 대답했다.

"저는 종교인들이 저지르는 악을 많이 보아 왔습니다. 정말 종교라면 신물이 납니다. 자기들만의 교리 속에 갇혀 세뇌당하는 것 같거든요."

"영성은 종교를 뛰어넘는 곳에 있지요. 우리가 신에 대해 알고 있는 부분은 극히 모래알 정도에 불과할 거예요. 어쩌면 그 또한 잘못 알고 있는지도 모르고요."

"신이 있다면 이 세상의 고통을 어떻게 설명할 수 있습니까? 신은 왜 침묵하고만 있는 겁니까?"

청년은 잠시 뜸을 들이다가 도전적인 눈빛으로 다시 물었다. 이 땅에 사는 젊은이로서 당연한 질문이었다.

"신이 인간사에 개입해서 선악을 판가름하고, 세상을 평정해 준다면 죄악이 이토록 무성하진 않겠지요? 그런데 다시 한번 생각해 보세요. 그렇게 된다면 인간은 신의 로봇이나 장난감 정도에 불과하지 않을까요? 신은 인간에게 자유의지를 주었어요. 자유의지로 이 세상을 우리가 원하는 대로 만들어 가도록 허용하신 거지요. 그만큼 신은 인간을 믿고 싶은 게 아닐까요?"

"자유의지요? 네, 그건 충분히 들어서 알고 있습니다. 보통 종교에서 빠져나갈 구멍으로 빈번히 사용하는 단어잖아요. 근데 자유의지를 주었으니 너희 맘대로 해 봐라, 내 할 일은 다 했다, 그렇게 뒷짐 지고 있는 게 신이라면, 신은 없느니만 못합니다."

청년은 젊은 날의 내 목소리와 다를 바 없었다. 나는 내가 깨달은 바를 최대한 알려 주고 싶었다.

"신은 우리가 이웃에게 선을 행하고, 그분과 만나는 일이 지극히 즐겁고 자발적으로 이루어지길 바라실 거예요. 악을 행할 수 있는 것도 자유의지지만, 사랑을 행할 수 있는 것도 자유의지예요. 신은 인간을 방치하는 게 아니라, 우리 스스로 회복할 수 있도록 기회를 주는 거라고는 생각되지 않으세요?"

"물론 그럴 수도 있지요. 하지만 신이 그렇게 기회를 주는 사이 세상은 전쟁터로 변하고 있습니다. 죄 없는 사람들은 가난과 고통 속에 허덕이고, 죄인들은 오히려 활개 치며 호의호식하고 있죠. 이 부조리를 언제까지 내버려둔다는 겁니까?"

"영원한 세계에 비해 이 세상의 유한한 삶이 얼마나 가치가 있겠어요? 모든 부귀영화가 바람 앞의 촛불이지요."

"그렇다면 이 세상은 아무 의미가 없다는 뜻인가요?"

"제가 말하고 싶은 것은, 죽음을 의식하며 사는 게 필요하다는 거예요. 완전한 끝과 새로운 시작이 있다는 걸 진실로 깨닫는다면, 세상의 부귀영화가 복의 상징처럼 보이진 않겠지요."

"그럼, 무엇이 복이란 말입니까?"

청년이 다그쳐 물었다.

"신과의 만남이지요. 신을 잃는 것보다 더한 두려움은 없으니까요."

청년은 안갯속을 뚫어지게 바라보다가 한참 만에 말문을 열었다.

"좋습니다. 그럼 신을 어떻게 만날 수 있습니까? 제가 눈으로 직접 본다면, 뭐 그땐 생각이 좀 달라질지도 모르지요."

"그런가요? 그랬으면 저도 좋겠는데, 그건 신과 당신의 일대일 문제거든요. 모든 존재는 신에게 고유하고 유일하므로 신 자신을 계시하는 방법도 개별적일 수밖에 없는 것 같아요. 만남은 은총이랍니다."

"은총이라고요? 그럼, 우리의 노력이 아무 소용도 없다는 뜻인가요?"

"간절히 원하면 보게 될 거예요. 그 노력 또한 신의 섭리 가운데 있을지도 모르고요."

청년은 고개를 갸우뚱거리며, 일단 보이지 않는 숲속으로 걸어 들어갔다.

***

보이지 않는 숲에서 사람들은 많은 질문을 한다. 신은 어떤 존재인가. 신은 왜 인간의 고통에 침묵하는가. 우리는 어떻게 기도해야 하고, 신은 언제, 어느 정도로 관여하시는가. 신과의 만남이 가능하기는 한가.

나는 추추가 숲에서 나오기를 기다렸다. 추추는 한참 만에 어두운 얼굴로 걸어 나왔다.

"표정이 왜 그러니?"

"이곳이 그리워질 거야."

질문에 답하는 대신 추추는 짧게 말했다.

그때 나는 추추의 말을 무심코 넘겨 버리고는, 내가 갈급한 것에만 몰두했다.

"추추, 어떻게 하면 그분을 볼 수 있지? 아까 영이 맑으면 된다고 했는데 자세히 들려줄래? 난 그날 이후 오랫동안 저 숲에서 헤맸어. 하지만 다신 볼 수 없었어. 그때의 완전한 기쁨, 완전한 평안을 다시 느끼고 싶은데, 잡힐 듯 잡히지 않아."

"나와 얘기하듯 이렇게 신과 가깝게 느끼고 싶다는 거지?"

"그게 가능한 일이니? 그럴 수만 있다면 더할 나위 없겠지."

"그분을 온 마음으로 그리워하는 사람이 있을까? 매 순간 그분과 모든 생각과 마음을 나누는 사람이 있을까? 어떤 상황에서도 그분을 조금도 원망하지 않는 사람이 있을까? 고통과 죽음조차도 그분의 뜻에 온전히 맡기는 사람이 있을까?"

추추가 내 눈을 가만히 바라보며 물었다.

내가 우물거리는 사이, 추추가 진지한 표정으로 말문을 뗐다.

"신을 진실로 사랑하면 악을 행할 수가 없어. 욕심부릴 수도, 교만할 수도 없어. 신을 사랑한다면서 이웃을 미워하는 건 거짓이야. 사랑을 행하는 거기에 그분도 함께 있어."

"그게 말처럼 쉬운 건 아니라서…."

나는 한숨을 내쉴 수밖에 없었다.

"그래서 내가 도와주려는 거야."

추추가 낮은 목소리로 말했다.

"무슨 뜻이니?"

"나중에 알게 될 거야."

추추가 의미심장하게 말했다. 불안한 기분이 들어 재차 물었지만, 추추는 더 이상 아무 말도 하지 않았다.

***

노인과 J가 안갯속에 서 있었다. 그들은 할아버지와 손녀처럼 함께 길을 찾아 두리번거리고 있었다. 나를 발견하자 안도의 숨을 내쉬며 다가왔다.

"우리는 도통 어디가 어딘지 모르겠어요. 선생님은 이 안갯속에서도 길이 보이세요?"

노인이 물었다.

"저도 처음엔 그랬는데, 마음의 눈으로 보는 것에 어느 정도 익숙해졌어요."

"마음의 눈이요? 전 안갯속에서 뭐가 불쑥 나타날 것만 같아 무섭고 두려워요."

내 말에 J가 떨리는 목소리로 말했다.

"무엇보다 이 숲이 안전하다는 믿음이 중요해요. 신을 만나고 싶다는 열망과 신께서 길을 인도해 주시리라는 확신이 필요하지요."

"길을 인도해 주신다고요?"

J가 초롱초롱한 눈으로 물었다.

"네. 신은 무엇보다 우리의 길을 인도해 주기를 원하시죠. 우리가 그걸 간절히 바라지 않거나, 인도해 주고 있지만 미처 깨닫지 못하고 있을 뿐이죠."

"어떡하면 그런 믿음을 가질 수 있나요?"

J의 질문에 답하기 전에, 나는 노인을 보며 물었다.

"선생님은 신이라는 존재에 대해 어떻게 생각하세요?"

"그림자 숲에서 나는 영혼의 세계를 직접 보고 온 사람이 아니오? 그러니 신을 부정할 수가 없지요. 다만 신을 어떻게 만날 수 있을지 그걸 모를 뿐이지요."

노인이 천천히 대답했다.

"신을 만나고 체험하는 것도 중요하지만, 보이지 않는 신을 믿는 건 더 중요하지요."

"자연을 가만 보고 있노라면 그 오묘함에 놀라지 않을 수가 없어요. 꽃 하나가 피어나는 것만 보아도 생명의 탄생이 얼마나 신비로운가요. 사람의 몸은 그야말로 놀라움의 극치지요. 나는 큰 수술을 여러 번 받은 적이 있다오. 사람의 오장육부와 세포들의 완벽한 작용을 볼 때면, 진화론으론 설명할 수 없는 뭔가가 있어 보이긴 했지요."

"자연과 인체의 신비함을 볼 때, 신의 손길을 느끼시는군요?"

"난 신앙이 없었지만 내 아내는 가톨릭 신자였다오. 아내는 암으로 죽어 가면서도 기도를 멈추지 않더군요. 살려 달라는 기도가 아니라, 생명조차도 신의 뜻에 맡기는 기도를 합디다. 난 이해할 수 없었지만, 그런 태도에서 어떨 땐 전율이 느껴지기도 했지요."

"아까 어떡하면 믿음을 가질 수 있냐고 물었지요? 믿음이란, 우리 자신이 누구인지를 아는 데서부터 시작된다고 봐요. 인간의 나약함과 불완전함을 인정하고, 조물주의 권능 아래 나의 모든 걸 내려놓는 거기서부터 믿음이 시작되는 거지요."

나는 J를 보며 말했다.

"제가 이해하기엔 너무 어렵네요. 하지만 선생님! 전 신이 꼭 있었으면 좋겠어요. 신이 없다면 세상이 너무 불공평하잖아요."

"죄를 심판하고 세상을 보이지 않는 손으로 관장하는, 절대자가 존재하기를 바라는 건가요?"

"네."

"신은 우리가 바라는 그 이상이지요. 이 숲에서 그분을 만날 수 있기를 바랄게요. 그러면 이런 대화가 무색해질 정도로 완전한 믿음이 자연적으로 생기게 될 거예요."

노인과 J는 두려움 대신 기대를 안고, 안갯속으로 걸음을 옮기기 시작했다.

* * *

중년 남자가 숲 안쪽에 미동도 없이 앉아 있었다. 나는 그에게 다가갔다.

"괜찮아요?"

그는 화가 난 표정으로 나를 힐끗 보고는, 다시 안갯속을 응시했다.

"뭔가 마음을 불편하게 하는 지점이 있나 보네요?"

"신이 있다고요? 그런 사기가 어딨습니까. 저 안개에 다 홀린 거지요."

내 물음에 그는 눈도 마주치지 않고 퉁명스럽게 대답했다.

"안개가 어떻게 홀린다고 생각하세요?"

"모든 걸 감추잖아요. 있는 듯 없는 듯 두려움만 주면서."

"신에 대한 반감이 크시군요. 혹시 그럴 만한 일이라도 있었나요?"

그는 고개를 돌려 나를 보았다. 할 말이 많은 표정이었다.

"선생님이 믿는 신은 어떤 분인지 모르지만, 저도 청년 때부터 교회를 다녔습니다. 성가대도 하고 봉사도 열심히 했어요. 뭘 알아서 했다기보다는 부추김에도 하고, 사람들과 함께하는 것이 무엇보다 재미있었지요."

"성도와의 교제가 큰 기쁨이었나 봐요?"

"그런 셈이죠."

그의 사연이 궁금했다.

"신앙에 대한 기쁨은 못 느끼셨나요?

"몇 년 다니다 보니 신이 정말 나의 보호자 같기도 하고, 영적인 뜨거움에 휩싸일 때도 있었지요."

"그런데 어떻게 믿음을 잃게 되셨나요?"

그는 다시 짙은 안갯속을 바라보았다.

"결혼한 뒤에도 아내와 같이 다녔었죠. 경건한 가정을 꿈꿨으니까요. 하지만 교통사고를 당하면서 모든 게 엉망진창이 되고 말았죠. 젊은 나이에 장애인이 되는 고통이 어떤 건지 아십니까. 지금은 의족이라도 했지만 그땐 아무것도 낙관할 수 없었어요. 중환자실에서는 신께 목숨만 살려 달라고 빌었는데, 퇴원해서는 오히려 원망으로 바뀌더군요. 신이 어디 있냐고, 열심히 신앙생활 한 결과가 이런 거냐고. 아내와의 갈등과 여러 문제가 한꺼번에 닥치자, 저는 교회를 다니기 전보다 더 신을 저주하게 되었죠."

"큰 역경을 겪으면서 신앙에 대한 회의감이 크셨군요? 그럴 수 있지요."

사람은 그리 강하지 못하다. 자기의 소중한 것들을 잃으면서도 믿음을 지키기가 쉬운 건 아니다. 나 역시도 고난에 처할 때마다 신의 존재를 의심하지 않았던가. 하지만 신에 대한 강렬한 체험이 있는 사람은 끝내 신앙을 버릴 수 없다.

"당신에게 신은 어떤 분인가요?"

그에게 물었다.

"나를 도와주는 존재지요. 신이 정말 있다면 연약한 인간들이 언제든 의지할 수 있고, 어디서든 함께하며, 가장 좋은 것으로 주시는 분일 테지요."

그는 잠시 생각하다가 대답했다.

"그러니까 당신에게 신은 항상 우리의 필요를 채워 주는 분이시군요?"

"그게 신 아닌가요?"

그것 말고 달리 뭐가 있냐는 투로 그가 반문했다.

"물론 그렇기도 하지만, 신은 신 자체이기도 하지요. 우리가 우리 자신이듯이."

"무슨 뜻입니까?"

"저는 신의 길과 인간의 길이 따로 있다고 생각해요. 사람들은 가끔 자기 뜻대로 신을 조종하려 들지요. 우리의 필요만 요구하고, 요구를 들어주지 않는다고 해서 등을 돌리는 건 신을 너무 하찮게 생각하는 게 아닐까요?"

"그러면 신은 신의 일을 하고, 사람은 사람의 일을 하면 된다, 이 말씀인가요?"

"네, 저는 그렇게 생각해요. 원망도 할 수 있고 의심도 할 수 있지만, 사람은 신의 섭리에 왈가왈부할 수 없지요. 우리는 그가 지은 피조물일 뿐이에요. 피조물이 창조주의 뜻을 어찌 알겠어요? 우리는 우리에게 주어진 하루하루를 감사함으로 살아가면 되는 거지요."

"결국 신의 뜻에 맡길 수밖에 없다는 걸 말하고 싶은 겁니까?"

"아니요. 그 그늘 속에서는 모든 것이 협력하여 선을 이룬다는 걸 말하는 거예요. 수동적인 자세가 아닌, 능동적으로 전능자의 선함과 완전함을 신뢰하는 게 중요해요. 우리가 어떤 길로 가든, 설사 그게 고통일지라도 결국은 최선의 작품을 만드신다는 걸 전 믿어요."

긴 침묵이 흘렀다.

안개에 눈이 익을 즈음, 그가 무겁게 입을 뗐다.

"저는 그간 신을, 신으로서 보지 못한 것 같습니다. 대인관계처럼 신 역시 나를 보호하거나, 거부하는 대상으로만 여겼던 것 같네요. 사람과의 관계가 건강해질 때, 신앙도 바르게 성장할 수 있다는 걸 알겠습니다."

그의 생각이 여기까지 미칠 줄은 몰랐는데, 대화의 결말이 좋아서 다행이었다.

"여전히 있는 듯 없는 듯 뚜렷하지 않지만, 다시 찾아볼까 합니다. 이번엔 진짜를 만날지도 모르지요."

그는 안갯속을 보며 말했다.

그러고는 지팡이를 짚고 안갯속으로 휘적휘적 걸어 들어갔다.

***

얼마 후 나는 숲속에서 젊은 여성을 만났다. 고개를 숙이고, 땅 위에 무릎을 꿇고 있었다. 내 발걸음 소리에 그녀는 젖은 얼굴을 천천히 들었다.

"지금 무슨 일이 일어난 건가요? 제가 좀 달라 보이나요?"

그녀가 떨리는 음성으로 물었다.

"왜요? 뭔가 달라진 것처럼 느껴지세요?"

"네. 태어나서 처음으로 느껴 보는 이 평안을 말로 표현할 수가 없어요."

"어떤 특별한 일이 있었나요?"

두근거리는 가슴으로 내가 물었다.

"숲속에 들어서서 한참 헤매 다니는데, 어디선가 저를 부르는 소리가 들렸어요. 너무도 부드럽고 묵직한 음성이었어요. 저는 그 소리를 따라 하염없이 걸어 들어갔어요. 그런데 어느 순간, 가슴이 뜨거워지면서 모든 것이 달라졌어요!"

그녀가 떨리는 음성으로 말했다.

"저는 지금까지 사랑받는 게 어떤 기분인지 몰랐어요. 나를 감싸는 이 평안은 내가 지극히 소중한 사람이라는 걸 느끼게 해줘요. 이제까지는 내 의지로 자존감을 세우려 했다면, 지금은 그게 자연스레 완성되는 느낌이에요. 내 안이 따뜻해지고, 나를 둘러싼 바깥세상도 사랑으로 가득 찬 것 같은…. 아, 온 세상과 내가 하나가 된 느낌이에요."

그녀는 갑자기 소리를 내어 울기 시작했다. 그 울음은 슬픔이 아닌, 엄청난 체험을 했을 때 감당치 못해 흘리는 감격의 눈물이었다.

신을 찾는 사람도, 신을 부정한 사람도, 신을 만난 사람도, 모두 함께 숲을 내려갔다. 우리는 어울려 저녁을 먹었고, 즐겁게 대화를 나누었다. 거기, 그분도 함께 있었다.

***

늦은 밤, 추추는 무척 피곤하고 고통스러운 모습으로 돌아왔다.

"어딜 다녀왔니?"

"가장 가 보고 싶은 곳."

추추는 쓰러져 죽은 듯이 잤다.

날이 밝은 뒤에야 그곳에 대해 들을 수 있었다.

어젯밤 추추가 설레는 마음으로 날아간 곳은, 인근 도시에서 가장 규모가 큰 교회였다. 강대상에서 흰 양복을 입은 목사가 설교하고 있고, 수많은 교인은 선포되는 말씀에 집중하고 있었다. 밤늦도록 예배하고 찬양하는 사람이 그렇게 많은 것에 추추는 기쁨을 느꼈다.

그런데 채 몇 분도 되지 않아, 이상한 기운이 감돌았다. 그것은 거미줄처럼 추추의 몸을 친친 감더니 순식간에 숨통을 조여 왔다. 추추는 사력을 다해 그곳을 빠져나왔다.

"그건 어둠의 세력이었어."

추추의 말을 들으며 짚이는 데가 있었다. A교회는 목사가 신의 이름으로 교인들을 착취하고 현혹하는 것으로 악명이 높은 곳이었다.

"영혼을 파멸로 이끄는 건 가장 큰 죄야."

추추가 단호히 말했다.

"부패한 교회는 그냥 건물일 뿐이야. 신과는 아무 상관없어!"

지금은 혼돈의 시대이다. 낮은 곳에서 묵묵히 사랑을 실천하는 목회자도 많지만, 거짓 선지자 행세하는 목사도 많다. 비판적 사고와 영적 분별력이 무엇보다 필요한 때이다.

당신에게 건네는 최고의 선물

추추가 이상했다.

며칠간 먹지도 자지도 않고, 혼자 비아람 숲으로 갔다가 새벽녘에야 돌아오곤 했다. 내가 같이 가겠다고 해도 한사코 만류했다. 추추의 몸은 점점 말라 갔고 얼굴엔 그늘이 졌다.

"추추, 네게 지금 무슨 일이 일어나고 있는 거니? 제발 얘기 좀 해 줘."

그럴 때마다 추추는 혼자 기도할 시간이 필요할 뿐이라며 말을 아꼈다. 그렇게 칠 일째 되는 날 새벽, 추추가 나를 깨웠다.

"사람들을 좀 모아 줘."

뜬금없이 쉼터에 있는 사람들을 모아 달라고 했다.

"무슨 일이야?"

"이제 떠날 시간이 됐어."

"떠나다니? 어디로?"

"내 집으로."

가슴이 철렁 내려앉았다. 추추가 언젠가는 천상으로 돌아가야 한다는 걸 알면서도, 나는 마음의 준비가 되지 않다. 알 수 없는 불안감이 엄습했다.

"사람들을 위해 마지막으로 하고 싶은 일이 있어."

나와 달리 추추의 목소리는 담담했다.

"내가 이 땅을 떠날 때 많이 고통스러워 보일 거야. 하지만 염려하지 마. 곧 괜찮아질 테니. 집으로 돌아가는 것일 뿐이야."

"왜 고통스럽다는 거니? 올 때처럼 사뿐히 날아가면 되는 거 아니니?"

"계획이 좀 바뀌었어."

그 말이 왠지 가슴을 서늘하게 했다.

***

아침 공기는 맑고 찼다.

비아람 숲 입구에 사람들이 모였다. 이번 주 새로 들어온 순례자들과 봉사자들, 도움이 필요한 사람들을 합해 삼십여 명쯤 되었다. 그 자리에는 추추가 쉼터에서 처음 만났던 소년과 억울하게 옥살이한 남자도 함께 있었다. 추추가 마침내 그들 앞에 섰다.

"여러분!"

모두가 추추에게 시선을 집중했다. 순간 추추는 한 바퀴 빙그르르 돌았다. 등에서 새하얀 날개가 꽃잎처럼 피어났다. 갑자기 천사의 모습으로 변한 추추를 보며 사람들은 입을 다물지 못했다.

"저는 하늘에서 온 천사 추추입니다. 이제 떠날 시간이 되었습니다."

날개를 접은 천사가 사람들을 향해 말을 이어 갔다.

"제가 이 땅에 온 이유는 악의 씨앗을 찾기 위해서였습니다. 그 씨앗을 없애 버리면 이 땅에 평화가 올 거라고 생각했습니다. 저는 그 일을 하기 위해 비아람 숲에 머물렀고, 바깥세상에도 나가 보았습니다. 많은 걸 보았지요. 그리고 악의 씨앗 세 개를 발견했습니다."

추추는 더 이상 어린애가 아니었다. 하늘의 사자처럼 범상치 않은 기운이 온몸에서 뿜어져 나왔다. 사람들은 숨을 죽이고 천사가 하는 놀라운 말에 주목했다.

"모든 악이 처음부터 악은 아니었지요. 아무리 큰 죄라도 그

죄가 자라기 전의 모습이 있으니까요. 제가 찾은 악의 씨앗 세 가지는, 하나의 독한 말, 하나의 그릇된 생각, 하나의 폭력적인 행동입니다."

"하나의 독한 말, 하나의 그릇된 생각, 하나의 폭력적인 행동…."

사람들은 서로를 보며 추추의 말을 읊조렸다.

추추의 연설이 계속되었다.

"불행하게도 악의 씨앗은 세상에 너무 많이 퍼져서 제가 없애 버리기엔 이미 늦었다는 걸 알았습니다. 그러나 시들게 할 수는 있습니다! 신이 사람을 지극히 사랑하듯이, 저도 여러분을 사랑합니다. 그래서 무언가를 주고 싶습니다. 이것은 제가 가진 전부이자, 여러분에게 가장 필요한 것입니다. 깨달음도, 그 무엇도, 이것이 없으면 아무 소용이 없습니다. 조금 후에 저는 고통스럽게 죽어 갈 것입니다. 그러나 제가 가는 것이 여러분에게는 도움이 될 것이니 너무 아파하지 마세요."

이윽고 추추는 나를 보며 마지막 말을 했다.

"슬퍼하지 마. 다시 만나게 될 거야."

"아…! 추추…."

나는 말리고 싶었다. 제발 그러지 말라고 붙잡고 싶었다. 그러나 그럴 새도 없이 추추는 하얀 날개를 활짝 폈다. 순간, 뜨거운 햇살이 양 날개에 날카롭게 박히는가 싶더니 한 올씩 녹아 없어져 갔다. 추추가 고통스럽게 몸부림쳤다. 추추의 몸이 바람에 흩어지고 있었다.

"추추! 제발 그러지 마. 제발…."

나는 울부짖었다.

추추의 몸이 녹아 없어질 때마다 그 고통이 만들어 낸 눈물방울들이 진주처럼 땅에 떨어졌다. 추추의 몸에서 발산한 빛은 사람들의 가슴으로 날아가 빛 화살처럼 박혔다. 사람들은 넋이 나간 듯 그 자리에서 꼼짝도 하지 못했다. 추추는 온몸이 부서지는 고통을 고스란히 받으며 마침내 한 점 빛으로 사라져 갔다. 그러고는 끝이었다. 숲은 고요했다.

얼마의 정적이 흘렀을까. 사람들은 자신들 속에서 무언가 달라졌다는 걸 느꼈다.

＊＊

천사 추추가 자기 몸을 우리에게 내주고 떠나자마자 비아람 숲에는 큰 변화가 일어났다. 무엇보다도 나를 포함해 그 자리에 있던 사람들은, 전에는 느껴 보지 못한 사랑의 감정이 가슴속에 가득 차오름을 느꼈다. 세상이 달라 보였다. 누구를 만나든 그 사랑의 감정이 차고 넘쳐서 세상이 환해지고, 절대적인 행복감이 가슴을 벅차게 했다. 그것은 추추의 선물이었다. 완전한 사랑, 완전한 선, 완전한 기쁨. 추추는 이것을 우리에게 주고 싶었던 것이다.

나 역시 비아람 숲에서 신을 처음 만났을 때 느꼈던 그 충만한 느낌, 영혼의 기쁨을 명료한 의식으로 다시 경험할 수 있었다. 그것은 기적이었다!

놀라운 변화가 또 있었다. 추추의 눈물이 떨어진 땅에서는 푸른 싹이 하나 돋아나오기 시작했다. 그 싹은 쑥쑥 자라더니 일주일도 채 안 돼 추추의 키만큼 커졌다. 천사의 날개처럼 온 가지가 춤을 추며 부드럽게 펼쳐진 나무에서는 찬란한 빛이 뿜어져 나왔다. 사람들은 그 나무를 '추추나무'라고 불렀다. 추추나무로 인해 한밤중에도 비아람 숲 전체가 환해질 정도였다. 멀리서 보면 마치 하늘의 별들이 비아람 숲에 내려와 쉬고 있는 것처럼 보였다.

추추나무의 빛무리는 여섯째 숲인 '보이지 않는 숲'의 안개 장막도 걷어 내었다. 안개가 걷힌 숲의 모습은 너무도 아름다웠다. 푸르른 들판이 펼쳐지고 꽃나무들은 사시사철 꽃을 피웠다. 나비와 새, 딱정벌레와 다람쥐 들은 제집인 양 드나들었다.

쉼이 필요할 때마다 사람들은 비아람 숲으로 왔다. '보이지 않는 숲'은 더 이상 두렵거나 거리가 느껴지는 곳이 아니라, 편안하고 따뜻한 곳으로 사람들이 즐겨 찾는 명소가 되었다.

사람들은 추추나무를 깊이 사랑했다. 그 곁에서 마음을 모아 찬란한 빛을 가슴으로 받으면, 미움은 사라지고 사랑의 감정이 차올랐다. 세상에서 부대끼며 살다 보면 어느새 그 빛은 희미해지고 이전의 모습으로 돌아가 버리지만, 그럴 때마다 사람들은 추추나무를 기억했다.

온전한 만족을 한번 경험해 본 사람은, 세상에 나가서도 그 느낌을 잊지 못해 비아람 숲을 다시 찾아왔다. 그들은 비아람 순례로 자기를 들여다보고, 추추나무 아래서 마음을 갈무리하며, 인생의 바다를 건너는 힘을 얻었다.

추추가 떠나던 날, 그 자리에 있던 사람들은 추추를 세상에 알리기 시작했다. 어떤 이는 그림으로, 어떤 이는 글로, 어떤 이는 이웃에게 증언하며 추추의 마지막 모습을 전했다. 세상 사람들은 이제 어딜 가든, 무슨 일을 하든, 천사 추추를 기억했다.

또한 추추나무를 배경으로 쓰인 아래 글귀가 액자나 기념품에 새겨져 판매되었는데, 그 열기는 오래도록 계속되었다.

'악의 씨앗도 시들게 할 수 있다'

***

　사람들 사이에 숲이 하나 생겼다. 숲의 이름은 다양하게 불렸다. 누구는 '일곱째 숲'이라 하고, 누구는 '사랑의 숲', '꿈꾸는 숲', 혹은 '추추의 숲'이라고도 했다.

　외로울 때 사람들은 그 숲으로 갔다. 옆 사람의 어깨에 기대어 아프고 슬픈 속내를 털어놓았다. 친한 사람이거나 모르는 사람이어도 문제가 되지 않았다. 마음과 마음으로 이어지는 에너지를 타고, 서로 교감하고 위로하고 함께했다.

　포기하고 싶을 때 사람들은 그 숲으로 갔다. 숲에서는 "해야 한다"가 아니라, "그럴 수도 있지"라고 말했다. "나 힘들어" 하면 "더 열심히 해야지"가 아니라, "그래, 이해해" 하고 토닥여 주었다.

　누군가가 미워질 때 사람들은 그 숲으로 갔다. 숲은 바람결에 속삭였다. 빈 마음으로 보라고. 빈 마음으로 가만 보노라면 또 다른 속삭임이 들렸다.

　"네가 할 수 있는 건 도와주는 것뿐이야. 비난 대신 일으켜 주는 것뿐이야."

　그러면 일렁이던 마음은 잔잔해지고, 미운 얼굴 뒤에 숨은 상대의 파들거리는 여린 모습이 보였다.

사랑이 그리울 때도 사람들은 그 숲으로 갔다. 말없이 가만히 기댈 수 있는 사람, 바라만 봐도 마음이 보이는 사람, 선하고 온유한 그 사람의 얼굴에 자기 얼굴을 묻고, 사랑 그 자체만 있는 사랑으로 지극한 행복을 느꼈다.

일곱째 숲은 그렇게 조금씩 더 깊고 넓게 퍼져 나갔다.

* * *

세월이 많이 흘렀다.

추추가 떠난 지도 여러 해가 지났고, 나도 이젠 나이가 들어 기억이 깜박깜박한다. 그래도 비아람 숲과 추추에 대한 기억은 세세한 부분까지 다 기억이 난다.

추추를 만나면 무슨 얘기부터 들려줄까. 참, 그 소년의 얘기가 궁금하려나?

추추야! 네가 비아람 숲에 온 첫날과 마지막 날을 함께했던 그 소년 기억나지? 아버지의 폭력을 피해 쉼터로 왔던 소년 말이야. 그 아이는 잘 성장하여 목회자가 되었단다. 이곳에 가끔 들르는데, 너에 대한 일을 사람들에게 전하는 걸 사명으로 여기고 있더구나.

일행 중에 내성적인 성격으로 고민했던 젊은 여성도 기억나니? 그녀는 내 뒤를 이어 비아람 숲을 돌보는 치유사가 되었어. 얼마나 즐겁게 일하는지 몰라. 이젠 내가 없어도 아무 걱정 없으니, 마음 편히 네 곁으로 갈 수 있을 것 같구나.

아내와의 불화로 괴로워했던 중년 남자도 생각나지? 그는 그 후로 아내와 여러 번 비아람 숲을 여행했단다. 지금은 둘이서 노년을 잘 보내고 있다고 최근에도 소식을 주었더구나.

대학원생 청년은 결국 어릴 때의 꿈대로 화가가 되었는데, 비아람 숲의 사시사철을 그리는 중견 화가로 유명하단다.

여대생 J도 궁금해할 것 같구나. J는 영화감독이 되었어. 성폭력의 상처와 극복을 담은 그녀의 영화가 올해 국제영화제에서 큰 호평을 받았단다. 기쁜 소식이지?

너를 손주처럼 아껴 주던 노인은 네가 떠난 다음 해, 아들 곁에서 편안히 숨을 거두셨어. 그곳에서 이미 만났을지도 모르겠구나.

보고 싶다, 추추야! 나도 곧 널 보러 갈게.

*　*　*

추추의 이야기는 세상에 더 널리 전해지고 있다.

누군가 독이 되는 말을 무심코 내뱉다가도 아차, 하고 추추를 생각한다.

'이 말이 상대방의 가슴에 상처로 남아 악의 씨가 자라날지도 몰라.'

그런 염려가 들면 손으로 입을 틀어막는다.

누군가 그릇된 생각을 하다가도 아니지, 하고 추추를 생각한다.

'이 생각이 세상에 스며들어 어디론가 악의 줄기가 뻗어나갈지도 몰라.'

그런 깨달음이 오면 머리를 세차게 흔든다.

누군가 폭력적인 행동을 하고 싶어도 이러면 안 돼 하며 추추를 생각한다.

'이 행동이 한 사람에게 나쁜 영향을 끼치면 악의 꽃이 세상에 만발할지도 몰라.'

그런 뉘우침에 이를 땐 자기의 행동을 다잡곤 한다.

그러다가 힘든 일이 생기거나 쉼이 필요할 때면, 마음의 소리를 듣기 위해 비아람 숲을 찾아온다.

그러나 안타깝게도, 그런 사람들보다는 여전히 악의 씨앗을 퍼뜨리는 사람들이 세상엔 더 많다. 그들로 인해 세상은 점점 더 어두워지고 있고, 자신이 신의 아이라는 사실마저 잊은 지 오래다.

시간이 더 흘러 내가 죽고, 추추를 보았던 사람들도 죽고, 그들에게 직접 이야기를 들은 이들까지 모두 사라지면, 먼 훗날 추추와 비아람 숲의 이야기는 어쩌면 전설로 남을지도 모른다.

혹시라도 비아람 숲이 도시화에 밀려 시멘트 아래로 사라지는 날이 온다면, 그때는 두려워하지 말고 자신의 가슴속으로 들어가 보라. 거기, 당신만의 비아람이 오롯이 살아 숨쉬고 있을 테니까.

에필로그

이 책을 쓰는 동안, 저는 오랫동안 웅크리고 있던 내면아이를 만났습니다. 그 아이를 보듬으며, 비로소 미워하고 외면했던 나 자신을 안을 수 있었습니다. 여러분도 이 책을 읽다 보면 자신의 숨겨진 모습을 만나게 될 것입니다. 왜 그렇게 남들과 부딪쳤는지, 왜 특정 상황들을 못 견뎌 했는지 깨닫게 되는 순간이 올 것입니다. 그 순간부터 여러분의 삶은 조금씩 달라질 것입니다.

깨달음은 곧 깨어남입니다.
깨어나면 모든 것이 달라집니다.
내 안의 나를 긍정하게 되고,
세상을 사랑하게 됩니다.

우리가 궁극적으로 닿아야 할 지점은 바로 '사랑'입니다. 자신을 사랑하고, 타인을 사랑하며, 그 사랑이 사회로 스며들어 세상을 평화롭게 하는 것. 저는 이 아름다운 여정을 여러분과 함께 하고 싶습니다.

지극히 내성적인 제가 자신을 드러내기까지는 긴 시간이 필요했습니다. 이 모든 게 이 책을 쓰는 과정에서 얻은 선물입니다. 여러분도 이 책을 통해 자신을 더욱 깊이 이해하고, 성장하게 될 것입니다.
 이 책은 제 가슴으로 오롯이 써 내려간 이야기입니다. 서툴 수는 있지만, 그래서 더 진심이고, 더 생생하게 전해지길 소망합니다.

특별히 감사의 마음을 전하고 싶은 분들이 있습니다.
 제 원고를 읽고 처음으로 인정해 주신 힐링홈의 지인옥 작가님, 작가님이 아니었다면 이 글은 빛을 보지 못했을 것입니다.
 무명작가를 믿고 이 책과 세상을 연결해 주신 테라코타 출판사에 깊이 감사드립니다.
 나의 현재를 만들어 준 문학과 삶의 동반자 신우, 미래를 함께 가꾸어 갈 동지 베드로, 멀리서 응원하는 가족들, 동생 윤애와 마음의 벗 사군자, 작은도서관 이웃들, 그리고 하늘에서 보고 계실 부모님께 깊은 사랑을 전합니다.

마지막으로, 여기까지 인도하신 하나님께 모든 영광을 돌립니다.

감사합니다.

비아람,
마음을 치유하는 비밀의 숲

초판 1쇄 인쇄 2025년 7월 22일
초판 1쇄 발행 2025년 7월 30일

지은이 장선욱
펴낸이 이진영 배민수
기획·편집 셀리&밀리
디자인 스튜디오 허브
마케팅 태리
펴낸곳 ㈜테라코타 **출판등록** 2023년 1월 13일 제2024-000080호
주소 서울시 용산구 원효로 128 e-테크밸리오피스텔 907호
메일 terracotta_book@naver.com
인스타그램 @terracotta_book

ⓒ장선욱, 2025
ISBN 979-11-93540-34-3 03180

* 이 책의 전부 또는 일부 내용을 재사용하려면 반드시 사전에 저작권자와
  ㈜테라코타의 동의를 받아야 합니다.
* 인쇄·제작 및 유통상의 파본 도서는 구입하신 서점에서 바꿔드립니다.
* 책값은 뒤표지에 있습니다.